KARIN SIDAK

Mit Holunder durchs Jahr

BLÜTEN, BEEREN, BLÄTTER & RINDE

genussvoll & heilsam

Leopold Stocker Verlag
Graz – Stuttgart

Alle Fotos (wenn nicht direkt beim Foto anders vermerkt) stammen von der Autorin.

Die Inhalte wurden von der Autorin gewissenhaft recherchiert, vom Verlag lektoriert und nach bestem Wissen und Gewissen für dieses Buch verwendet. Es wird darauf hingewiesen, dass wissenschaftliche Behauptungen sachlich vereinfacht wiedergegeben wurden. Die Rezepte wurden von der Autorin gewissenhaft getestet und ausprobiert, dennoch kann ein Gelingen nicht garantiert werden. Die Verträglichkeit von Holunder muss jeder Mensch für sich selbst austesten, für unerwünschte Auswirkungen können die Verfasserin und der Verlag nicht verantwortlich gemacht werden; die juristische Haftung ist ausgeschlossen.

Auf Wunsch senden wir Ihnen gerne kostenlos unser Verlagsverzeichnis zu:
Leopold Stocker Verlag GmbH
Hofgasse 5
Postfach 438
A-8011 Graz
Tel. +43 (0)316/821636
Fax. +43 (0)316/835612
E-Mail: stocker-verlag@stocker-verlag.com
www.stocker-verlag.com

Bibliographische Information der Deutschen Nationalbibliothek
Die Deutsche Nationalbibliothek verzeichnet diese Publikation in der Deutschen Nationalbibliographie; detaillierte bibliographische Daten sind im Internet über http://dnb.d-nb.de abrufbar.

Hinweis: Dieses Buch wurde auf chlorfrei gebleichtem Papier gedruckt. Die zum Schutz vor Verschmutzung verwendete Einschweißfolie ist aus Polyethylen chlor- und schwefelfrei hergestellt. Diese umweltfreundliche Folie verhält sich grundwasserneutral, ist voll recyclingfähig und verbrennt in Müllverbrennungsanlagen völlig ungiftig.

ISBN 978-3-7020-2055-2

Umschlaggestaltung, Satz und Repro: Werbeagentur Rypka GmbH, A-8143 Dobl,
Unterberg 58–60, www.rypka.at

Inhalt

DANKSAGUNG

An erster Stelle möchte ich meinen geliebten Eltern danken, sie haben mir von Kindheit an einen naturnahen Weg vorgelebt. Sie haben uns ein Leben am Land ermöglicht, im Familienverband, in einer wunderschönen Landschaft, dafür bin ich unendlich dankbar.

Ich danke meinem lieben Mann, der meine Raubzüge tapfer mitmacht und furchtlos alles kostet, was auf den Teller kommt! Du bist ein toller und geduldiger Gefährte und ich liebe dich!

Meinem Sohn danke ich für seinen unbewussten Ansporn. Lieber Stefan, du hast bezweifelt, dass man über den Holunder ein ganzes Buch schreiben kann, nun, hier ist es!

Meiner Tochter danke ich für die Unterstützung in allen ernährungswissenschaftlichen Fragen (sie ist Diätologin) und für das Überprüfen des Kapitels über die Inhaltsstoffe des Holunders.

Ich danke meiner Schwiegermama, denn sie hat vor vielen Jahren den Kontakt zum Leopold Stocker Verlag geknüpft.

Ein großes Dankeschön geht an meine Freundin Daniela und ihren Mann. Liebe Daniela, ich durfte einige wunderschöne Tage in eurer Holunderplantage verbringen, konnte fotografieren und ernten, der Zauber dieser Anlage hat mich sehr inspiriert!

Sehr herzlich bedanke ich mich bei Irmtraud Weishaupt, meiner Lektorin. Liebe Irmtraud, du hast mir etwas zugetraut, das ich selbst nie gewagt hätte!

Ich danke zuletzt allen Lesern und wünsche viel Freude mit diesem Buch!

Vorwort

MEIN WEG ZUR NATUR UND ZUM HOLUNDER

Die Erinnerungen an meine Kindheit und Jugend sind geprägt von den Tagen und Wochen, die ich mit meinen Eltern auf einem Bergbauernhof verbringen durfte. Als ich vier Jahre alt war, haben mein Vater und mein Onkel gemeinsam das alte und wirklich museumstaugliche Bauernhaus auf einem Bergbauernanwesen gemietet, die Bergbauernfamilie hat neu gebaut und ist in das komfortable Wohnhaus umgezogen. Wir haben in dem geschichtsbeladenen alten Gemäuer viele Jahre unsere Wochenenden und Ferien verbracht, mit Plumpsklo, Tischherd und, wenn nötig, mit Wärmeflasche im Bett.

Was war das für eine Freiheit, wenn ich mit fliegenden Haaren am Hof aus dem Auto sprang und mit dem gleichaltrigen Bauernsohn in die Natur entschwand. Nach kurzer Zeit waren wir fast Familienmitglieder, mein Vater und der Besitzer des Hofes gingen gemeinsam auf die Jagd, und die Frauen und Kinder schwärmten aus und sammelten, was die Jahreszeit hergab. Erdbeeren, Schwarzbeeren, Preiselbeeren, Brombeeren, Pilze, Kräuter, Nüsse und natürlich auch Holunder.

Die Bäuerin machte für uns Kinder Erdbeereis mit Holunderblüten, dafür schlug sie einfach Rahm (Sahne) mit Zucker steif, hob Walderdbeeren und Holunderblüten unter und stellte die Mischung für eine Stunde in den Tiefkühler. Danach durften wir zulangen, direkt aus der Schüssel, mit Suppenlöffeln! Die reifen Holunderbeeren mussten für die Indianerbemalung herhalten, und die langen, geraden Jungtriebe waren ideale Blasrohre: Wir haben kleine Stücke ausgehöhlt, kleine Steinchen hineingelegt und diese durch kräftiges Hineinpusten aus dem Rohr katapultiert. Das

Kind, dessen Stein am weitesten geflogen war, durfte den Indianerhäuptling spielen.

Es war ein Leben mit und von der Natur. Heute weiß ich, was für ein Privileg es war, so aufwachsen zu können, und wie sehr es mich für mein späteres Leben geprägt hat. Auch wenn all das Erlernte und Erlebte in der hormongesteuerten Teenagerphase ein wenig in Vergessenheit geriet, so war doch der Grundstein für ein naturnahes und pflanzenbezogenes Leben gelegt.

Als ich vor 30 Jahren meinen Mann kennengelernt habe, war eine unserer ersten gemeinsamen Aktivitäten das Sammeln von Holunderblüten. Der Ärmste! Ich habe ihn mit Kübel und Regenschirm bewaffnet (der Schirm diente zum Herabziehen der Zweige!), und ihm geraten, seine kurzen Sporthosen gegen lange Jeans zu tauschen. Am Stadtrand gab es eine aufgelassene Ziegelfabrik, dort gab es Holler (in Österreich wird der Holunder im Dialekt „Holler" genannt) im Überfluss. Herbert stand also in hüfthohen Brennnesseln, musste mit dem gebogenen Schirmgriff die Zweige zu mir herabbiegen und mir den Kübel hinhalten. Was für eine Bewährungsprobe, aber er hat sie bestanden. Ich auch, denn er hat mich trotzdem geheiratet. Die „Holunderjagd" auf Blüten und Beeren begleitet uns natürlich nach wie vor im Frühling und im Spätsommer. Inzwischen ist er Profi.

Die Ziegelfabrik haben wir hinter uns gelassen, wir leben seit 25 Jahren auf dem Land, und ich kenne jeden Hollerbusch in der Gegend.

Am liebsten bin ich in meiner großen, hellen Küche mit Blick auf meinen Gemüsegarten. Dort verarbeite ich meine gefundenen Schätze aus der Natur, stöbere in unzähligen Kochbüchern und experimentiere mit neuen Rezeptideen. Werden die Ergebnisse für gut befunden, dann teile ich sie auf meinem Foodblog (www.tatort-kueche.at), den es seit zehn Jahren gibt.

Im vergangenen Jahr habe ich besonders viel Zeit in meiner Hexenküche damit verbracht, Holunderblüten und Holunderbeeren kreativ und schmackhaft zu verwerten, und so viele Rezepte und Ideen umzusetzen, dass man daraus ein eigenes Buch gestalten kann. Mit den wunderschönen Erntetagen in der Natur kamen die Einfälle wie von selbst, und das Projekt hat meine Liebe zur Umgebung und ihren wilden Gaben noch vertieft. Es wäre eine große Freude für mich, wenn Sie, liebe Leserinnen und Leser, das eine oder andere Rezept in Ihrer Küche nachkochen. Aber was mich ganz sicher mit all jenen, die dieses Buch erwerben, verbindet, ist dieser uralte Sammeltrieb des Menschen, die Freude über die kostenlosen, gesunden Gaben aus Wald und Wiese und eine langsame Rückkehr zu unseren Wurzeln und zu einem naturnahen Leben.

Ihre Karin Sidak
Hobbygärtnerin, Foodbloggerin und ausgebildete Kräuterpädagogin

Allerheiligen bei Wildon
Februar 2023

Geschichte, Mystik & Brauchtum

Historisches und Mystisches um den Schwarzen Holunder sind uralt und untrennbar miteinander verbunden. Seine „Erfolgsgeschichte“ zieht sich durch die Jahrtausende und begann, wie archaische Funde gezeigt haben, bereits bei den Steinzeitmenschen.

DIE BEDEUTUNG DES HOLUNDERS
von der Steinzeit bis zum Mittelalter

Die mystische Bedeutung des Schwarzen Holunders ist sehr gegensätzlich – so, wie sich auch der Strauch selbst konträr präsentiert: Seine Blüten sind weiß, leicht und duftend, seine Früchte dagegen fast schwarz und herb. Seine Inhaltsstoffe sind heilend, aber auch giftig. Sein Holz ist leicht, ob wohl seine Aura als schwer und hinabziehend gilt.

Der Holunder war eigentlich nie einfach nur ein Strauch, er war schon immer und in vielen Kulturen bedeutungsvoll, sagenumwoben und eng mit den Menschen verbunden. Seine Kräfte, die ihm nachgesagt wurden und werden, sowohl magische als auch heilende, aber auch die Verwendung als Nahrung, begleiteten viele Völker und Epochen. So ist es auch nicht verwunderlich, dass es scheinbar unendlich viele Geschichten, Legenden und Brauchtum gibt, die mit dem Strauch verbunden sind. Vertieft man sich in die Quellen, so finden sich übereinstimmende Überlieferungen und uraltes Brauchtum neben Widersprüchen und angezweifelten Inhalten, und es ist wahrlich schwer, hier wirklich belegtes altes Wissen herauszufiltern.

Ich denke, jeder Holunderfreund muss für sich die Überlieferungen, Bräuche und Rituale finden, die ihm etwas bedeuten, und wenn er eine alte kultische Handlung für sich neu adaptiert, so wird der Holunder auch damit einverstanden sein!

Steinzeit

Prähistorische Funde belegen die Verwendung des Schwarzen Holunders in der Steinzeit. In Speiseresten fand man Holunderkerne, in Feuerstellen Holunderasche. Die Beeren wurden also mit Sicherheit gegessen, wahrscheinlich räucherte man auch die Höhlen mit dem Holz aus. Diese Funde stammen aus dem mitteleuropäischen Bereich, man nimmt also an, dass der Strauch hier seinen Ursprung hatte und sich aufgrund seiner Robustheit rasch und weit verbreitete.

Kelten

Die Kelten dürften eine besonders innige Beziehung zum Schwarzen Holunder gehabt haben. Dieses hoch entwickelte antike Volk lebte in der Eisenzeit, etwa ab 800 v. Chr., und war von da an fast 1000 Jahre lang die führende kulturelle Macht in weiten Teilen Europas. Von den schreibfaulen Kelten selbst gibt es kaum schriftliche Überlieferungen, viel Wissen kommt hier von römischen und griechischen Geschichtsschreibern, unter anderem von Julius Cäsar. Aber auch

Ausgrabungen, Wandmalereien oder Grabbeigaben wie z. B. Kultfiguren und Schmuck geben Aufschluss über dieses Volk.

Sie verehrten den magischen Strauch, für sie war er die Heimat von Elfen, Kobolden und Feen. Und die große archaische Göttin Holle, auch Holder, Holdermutter oder Frau Holder genannt, regierte über diese Geisterwesen. Sie wird in eine enge Beziehung mit dem Holunder gebracht, der vom Reich der Lebenden ins Totenreich führen sollte, wo einen diese große Erdgöttin empfing. Der Schwarze Holunder galt als heilig, er gehörte zu den wichtigsten Kraftbäumen* der Kelten. Wolf Dieter Storl reiht ihn in seinem Buch „Pflanzen der Kelten“ unter die elf sogenannten Häuptlingsbäume ein.

* Obwohl der Holunder botanisch gesehen ein Strauch ist, wird er in der Literatur, vor allem, wenn es um Mythen und Geschichten geht, oft als „Baum“ bezeichnet. Deshalb finden sich auch in diesem Buch manchmal die Bezeichnungen „Holunderbaum“ oder „Hollerbaum“.

Er galt als Baum des Lebens, vielerorts war er der Schutzbaum der Schwangeren und Gebärenden. Man glaubte, dass Schwangere, die die Zweige des Holunders ergreifen, auf die Hilfe und Güte der darin wohnenden Ahnen und der Göttin Holle hoffen könnten. Nach keltischem Glauben kamen Fruchtbarkeit und jegliches neue Wachstum von den Ahnen, und die Verbindung zu ihnen konnte über den Holunderbusch hergestellt werden. Manchmal wurde auch die Nachgeburt unter dem Strauch begraben.

Andererseits war er aber auch der Baum des Todes, ein sogenannter Schwellenbaum, er verband die Lebenden mit den Toten, mit der „Anderswelt“, der Welt ihrer Ahnen. Seine Kräfte führen nach unten, ins Erdreich hinein. An einem Holunderstrauch konnte man die Verstorbenen um Rat fragen, sie um Hilfe bitten oder einfach nur an sie denken, ihnen kleine Geschenke oder Essen hinstellen. Dazu muss man wissen, dass bei diesen alten Naturvölkern die Toten weiterhin in die Familie, die „Sippe“, miteinbezogen wurden, daher war der Holunder auch als Sippenbaum nahe beim Haus so wichtig. *(Wolf Dieter Storl, „Pflanzen der Kelten“, siehe Literaturverzeichnis S. 182).*

Germanen

Die Germanen haben eine ähnliche Beziehung zum Holunderstrauch gehabt, vieles wurde von den Kelten übernommen, manches entwickelte sich parallel oder kam neu dazu. Von keltischen wie auch germanischen Stämmen wurden unter dem Hollerbusch Opfer dargebracht, Tote bestattet, Versammlungen abgehalten, und er war der Mittelpunkt zahlreicher Rituale. Der Schwarze Holunder wurde im hohen Norden Ellhorn genannt, die gütige Mutter Ellhorn wohnte in ihm. Der englische Name „Elder“ dürfte wohl daher stammen. Auch Freya, die germanische Göttin der Liebe und der Fruchtbarkeit, soll eine besondere Beziehung zu dem Strauch gehabt haben.

In beiden alten Kulturen wurde der Strauch jedoch auch in vielen anderen Bereichen genutzt. Aus den Beeren wurden Säfte und Marmeladen gekocht, auch Tee aus den Blüten dürfte bereits bekannt gewesen sein. Seine Blätter wurden ausgekocht, die Rinde zermahlen und mit Essig gemischt. Zudem verwendete man fast alle Pflanzenteile zum Färben von Stoffen, wobei die Farbe der Beeren besonders begehrt war.

Antikes Griechenland & antikes Rom

Im antiken Griechenland und später auch in Rom war der Schwarze Holunder besonders im medizinischen Bereich bedeutend, seine heilende Kraft war bekannt und wurde vielfältig genutzt. Der berühmte griechische Arzt Hippokrates (460–377 v. Chr.) nannte den Strauch seinen Medizinschrank und wandte Blüten, Beeren, Rinde und Blätter bei vielerlei Leiden an. Man braute aus allen Pflanzenteilen Heilmittel gegen Frauenleiden, Verstopfung, Nierenkrankheiten, Gallenleiden, man kannte bereits die schleimlösende und schweißtreibende Wirkung von Tees aus den Blüten.

Auch sein einige Jahrhunderte später praktizierender griechischer Kollege Dioskurides, er lebte zur Zeit Neros im römischen Reich, schätzte den Holunder als Heilpflanze und beschrieb ihn auch in seinem beachtlichen medizinischen Werk „Materia Medica“. Aus der Antike existieren zum Glück schriftliche Zeugnisse über diese Heilpflanze, hier wurde bereits sehr viel Wissen gesammelt, niedergeschrieben und auf diesem Weg auch in die nachfolgenden Jahrhunderte weitergeleitet. Kulinarisch nutzten sowohl die Griechen als auch die Römer Blüten und Beeren, bekannt ist auch, dass reiche Römerinnen sich mit Holunderbeerensaft die Haare gefärbt haben.

Christentum & Mittelalter

Als die Christianisierung in Europa ihren Lauf nahm und die Kirchenfürsten sich ihrer Macht immer bewusster wurden, betrachtete man den Holunder gewiss mit kritischen Augen. War er doch für die heidnischen Völker, die man bekehren musste, so eine mächtige rituelle Pflanze, die noch dazu mit den alten Gottheiten verbunden war und anscheinend großen Einfluss auf den Glauben der Menschen hatte. Es war das oberste Bestreben der Kirche, die heidnischen Götter samt aller Rituale und Symbole auszurotten, und da der Holunder tief im alten Naturglauben verankert war, musste er irgendwie diese Bedeutung verlieren.

Es kam die Legende auf, dass sich Judas nach seinem Verrat an Jesus an einem Holunderstrauch erhängt haben soll. Es verbreitete sich das Gerücht, dass Kinderwiegen aus Holunderholz todbringend seien, dass Hexen im Hollerbusch wohnen und ihr Blut aus den Ästen rinnen würde, wenn man diese brach. Das Darbringen von Opfergaben unter dem Busch wurde sogar mit Strafen belegt. Es gipfelte darin, dass der Holunder mancherorts als Baum des Teufels bezeichnet wurde, in ihm wohne Böses und man solle ihn am besten nicht anrühren. Sogar die berühmte Äbtissin Hildegard von Bingen (1098–1179), die sich sehr intensiv mit Heilpflanzen beschäftigte, zollte dem Holunder keinen sehr großen Respekt.

DIE BEDEUTUNG DES HOLUNDERS IN DER NEUZEIT

(15. Jh. bis heute)

Zum Glück verwalteten die Klöster die Schriftwerke der Antike, man wusste um die Kraft dieses Strauches, und auch in der Volksheilkunde siegte letzten Endes die Heilkraft des Schwarzen Holunders über die böse Zunge manches Kirchenfürsten. Nach der dunklen Phase des Mittelalters, wo die einfachen Menschen durch die Verbreitung von Angst und Schrecken leicht zu lenken waren, folgte die Aufklärung. Sobald die Menschen die wunderbaren Kräfte des Holunders wieder anerkennen und nutzen durften, stand seinem steilen Aufstieg nichts mehr im Wege.

Der neuerliche Siegeszug des Holunders in der Volksmedizin

Berühmte Ärzte studierten die medizinischen Werke der Antike, Universitäten entstanden, Medizin wurde gelehrt und erforscht. Paracelsus, Hieronymus Bock, Martin Blochwitz (siehe S. 54, „Holunder in der Volksheilkunde“) oder Leonhart Fuchs sind nur einige von ihnen, sie verehrten den Strauch sowohl medizinisch als auch botanisch. Rezepte und Behandlungsmethoden wurden ausprobiert und niedergeschrieben. Viel später kam der Priester und Naturheilkundler Sebastian Kneipp dazu, der mit seinen Methoden einen Schwung zurück zur naturnahen Volksheilkunde auslöste und den Holunder besonders schätzte.

Blätter, Rinde und Beeren wurden weiterhin, wie schon seit dem Altertum, als Färbemittel verwendet. Auch heute, wo sich viele Menschen auf naturnahe Techniken besinnen, werden Pflanzenfarben wieder vermehrt eingesetzt, um Textilien zu färben. Der Holunder liefert Gelb- und Violett-Töne, die Zubereitung der Farbbäder hat sich kaum verändert.

Foto: © Stefan Sidak

Volksglauben & Rituale rund um den Holunder

Nach dem Mittelalter erstarkte auch die Überzeugung von den starken mystischen Kräften, die laut Volksglauben von einem Holunderstrauch ausgehen, wieder. Es war in den vergangenen Jahrhunderten ganz selbstverständlich, dass auf jedem noch so kleinen Gehöft in der Nähe des Hauses oder der Stallungen ein Holunderstrauch wuchs, welcher mit sehr viel Respekt behandelt wurde. Im ländlichen Bereich wurde also der Schwarze Holunder erneut zum Schutzbaum für Haus und Hof. Und es gibt zahlreiche überlieferte Rituale, „Vorschriften" und Mythen rund um den Holunder, an die die Menschen glaubten und die sie praktizierten:

Die Sitte, vor einem Holunderbusch im Vorübergehen den Hut zu ziehen, ist vielfach überliefert und dürfte aus der Zeit stammen, als man das Mittelalter hinter sich ließ.

Es war verpönt, Holunderholz zu schlagen und als Brennholz zu verheizen, dies würde jahrelanges Pech bedeuten. Nach dem Volksglauben hatte der Holunder die Gabe, negative Energien an sich zu binden und so zu verhindern, dass sie von den Bewohnern Besitz ergriffen. Deshalb hatte man Angst, das Holz könnte beim Verbrennen diese negativen Energien wieder freigeben. Musste ein Strauch dennoch beschnitten werden, so hatte man sich bei ihm zu entschuldigen.

Holunderzweige über der Stalltür hielten Krankheiten vom Vieh fern, auch die Riegel der Stalltüren wurden zum Teil aus Holunderholz gefertigt.

Besonders in den Raunächten gab es die Sitte, kleine Triebe vom Holunderstrauch abzuschneiden und rund um Haus und Garten in die Erde zu stecken, zum Schutz vor Hexen und bösen Geistern.

Der Sargtischler schnitt sich zum Vermessen des Leichnams eine Holunderrute ab, der Kutscher des Leichenwagens lenkte die Pferde mit einer Holunderrute.

Frauen, die schwanger werden wollten, sollten einen Holunderstrauch umarmen, das würde ihre Fruchtbarkeit fördern.

Traf sich ein Liebespaar zur Zeit der Holunderblüte unter einem Hollerbusch und umarmte sich dort, so sollte der Legende nach noch im gleichen Jahr Hochzeit gefeiert werden.

Die Nachgeburten von Kühen sollten unter einem Holunderstrauch begraben werden, so wären Kuh, Kalb und Milch vor dem Verhexen geschützt.

Lyrik und Märchen rund um den Holunder

Es gibt viele Märchen und Sagen, in denen der Holunder vorkommt, und viele Dichter, die sich in poetischer Weise mit dem Strauch befasst und ihm Gedichte gewidmet haben. Eines davon hat Wilhelm Lehmann (1882–1968) geschrieben:

Holunder-Lyrik

von Wilhelm Lehmann, aus: Dehn, Wilhelm (Hg.): So grundgeheim wie jedem offen: Holunder-Lyrik, Radius 2012

So grundgeheim wie jedem offen,
Wird er im Unbewohnten nicht getroffen.
Mit der betrübten Schar der Menschen teilt er seine Zeit,
Aus ihrem Kummer saugt er Heiterkeit.
Abwässer tränken ihn, ihn nähren Exkremente,
Als wenn er am Verworfenen entbrennte.
Auf schwanken Tisch setzt er sein Duftgericht in hellen Tellern;
Wer braucht den Schatz, den niemand sucht, zu kellern?
Durch seine Glieder zieht ein weißes Mark,
Nicht schwerer als die Luft, doch stark
Wie leichter Sinn, der niemals trumpft.
Verlierst du ihn, die Erde schrumpft.
Mann ist der Holder, Frau zugleich,
Aus harter Wurzel springt er weich.
Zu seinen Füßen ruhte Käthchen von Heilbronn.
Er weiß es noch. Er träumt davon.

„Holunder tut Wunder“

von Karl Paetow, aus „Frau Holle: Märchen und Sagen“

Es begab sich im Verlauf der zwölf Nächte, dass sich Frau Holle rüstete, wie immer in diesen erregenden Zeiten der Jahreswende das Menschenland zu befahren. So kam sie auch über eine verschneite Heide, und es war Weihnachten im ganzen Land. Und sie horchte auf den Gesang der Bienen im hohlen Baum, auf den Atem der Tiere, die unter der Schneedecke schliefen oder in warmen Höhlen und Küppeln (Hügeln, Anm. d. Verfasserin) *der Heimat. Sie lauschte auf die Stimme der Steine und auf den strömenden Saft unter der Borke von Busch und Baum. Aller erstorbenen Blumen Frühlingshoffnung lag ihr im Ohr.*

Es stand aber einsam auf der verschneiten Heide ein kahler, stakiger (sperriger, Anm. d. Verfasserin) *Strauch. Seine Zweige knackten zum Erbarmen im Rauhfrost der Weihnacht. Frau Holle lieh auch seiner Klage Gehör und fragte den Busch: „Was barmst du so?“*

Da wehte es aus den brakigen Zweigen her: „Oh große Mutter! All deinen Kindern hast du einen Nutzen und Sinn in den Keim gelegt. Die Menschen brauchen die Nuss von der Hasel, die Rute der Weide, und selbst den struppigen Ginster binden sie winters geröstet in ihre Besen. Dem Flachs hast du gute Fasern gegeben und all den Blumen Schönheit zur Augenweide. Nur mir hast du weder Glanz noch Nutzen verliehen. Und selbst die ärmsten Menschenkinder verschmähen mein mürbes Holz für den Hausbrand.“

Die Klage rührte der Weißen Frau an das Herz und sie lächelte: „Gut denn, weil du den Menschen so gerne hold bist, so will ich dir selber den Namen geben, Hollerbusch sollst du von Stund an heißen in ihrem Mund. Dazu verleihe ich dir eine edle Kraft, die dich wert macht vor allem Gebüsch.“

Und sie schenkte dem Busch die Heilkraft der Rinde, der schneeigen Blüten, und füllte ihm seine tausend Beeren mit blutroter Arzenei. In schlimmen Tagen, als Not und Krankheit die Menschen heimsuchten in ihren Häusern, erkannten sie bald die heilenden Säfte vom Holderstrauch. Da holten sie den verschmähten Busch in ihre Gärten, an ihre Höfe, und alsbald war kein Backofen mehr in den Dörfern zu finden, in dessen Schutz nicht der Hollerbusch grünte und blühte zur Augenweide mit seinem Segen.

Die Bresthaften (Gebrechlichen, Kränklichen, Anm. d. Verfasserin) *tranken und wurden gesund vom Trunk seiner Säfte. Und ihre Kinder spielten im Duft seiner schattigen Blütenteller die liebsten Reigen. Denn sie ahnten es wohl, er war ja Frau Holles erste Weihnachtsgabe an alle Menschen. Und bald ging von Mund zu Mund der weisende Spruch: „Holunder tut Wunder.“*

(Quelle: http://www.goettin-holle.de/Frau-Holles-Pflanzen-Der-Holunder)

Karl Paetow (1903–1992) studierte Volkskunde und Kunstgeschichte, war Museumsleiter, Schriftsteller und beschäftigte sich mit alten Sagen und Märchen, die er auch in mehreren Büchern niedergeschrieben hat. Diese schöne Sage erzählt, wie der Holunder zu seinen überragenden Eigenschaften gekommen ist. Frau Holle nimmt sich des zausigen Strauches an, als Ausgleich zu seiner unspektakulären Erscheinung verleiht sie ihm wunderbare Heilkräfte in all seinen Pflanzenteilen und benennt ihn nach sich selbst: Hollerbusch.

Das berühmte Märchen „Frau Holle" der Gebrüder Grimm wird ebenfalls immer in enger Verbindung mit dem Holunder genannt. In dem Märchen gelangen zwei Mädchen nacheinander durch einen Brunnen in eine Anderswelt, in welcher sie von Frau Holle empfangen werden. Frau Holle nimmt beide Mädchen in ihre Dienste, eine ist fleißig und brav und wird belohnt, die andere faul und unwillig und wird mit Pech überschüttet. Es wird vermutet, dass die Grundlage für dieses Märchen ein weit älteres ist. Dieses hieß ehemals „Goldmarie und Pechmarie", es wurde von Ludwig Bechstein nach mündlicher Überlieferung aufgeschrieben und steht im „Deutschen Märchenbuch" aus 1847. In dieser Fassung ist der „Herr" über die Anderswelt noch ein barscher alter Mann, die Gebrüder Grimm ersetzten diesen durch Frau Holle. Des Weiteren wird vermutet, dass die Figur, die Frau Holle verkörpert, auf die keltische Göttin Holder/Holla/Holdermutter zurückzuführen ist. Und diese war ja die Göttin der Anderswelt, zu welcher man über den Holunderbusch Kontakt aufnehmen konnte. Erwiesen sind diese Zusammenhänge jedoch natürlich nicht.

Auch Lieder und Kinderreime haben den Holunder in ihren Text aufgenommen, der bekannteste Reim ist zweifellos der unten abgebildete Kinderreim bzw. das einfache Kinderlied „Ringa, ringa reia". Dabei fassen sich mehrere Kinder an den Händen und bilden einen Kreis, in diesem Fall unter dem Hol(un)derbusch. Während sie den Reim aufsagen oder singen, gehen sie im Kreis, ist der Reim zu Ende, setzen sich alle zugleich auf den Boden.

Dieser Kinderreim ist uralt, und man nimmt an, dass er sich eventuell aus einer Art Opfertanz aus keltischer Zeit entwickelt haben könnte. Das wäre durchaus denkbar, weiß man ja, dass dem Holunder Opfer dargebracht wurden. Wolf Dieter Storl beschreibt diesen Reim in seinem Buch „Pflanzen der Kelten" als Gesang der Geister bzw. der Seelen kommender Kinder. Nach keltischem Glauben schickt die Göttin die Menschenseelen für ihre Wiedergeburt an Orte, in diesem Fall in die Äste des Holunders, die von Frauen aufgesucht werden, die sich eine Schwangerschaft wünschen. Dort kann die Seele in den Schoß der Betroffenen eindringen und sich dort zu physischem Leben entwickeln.

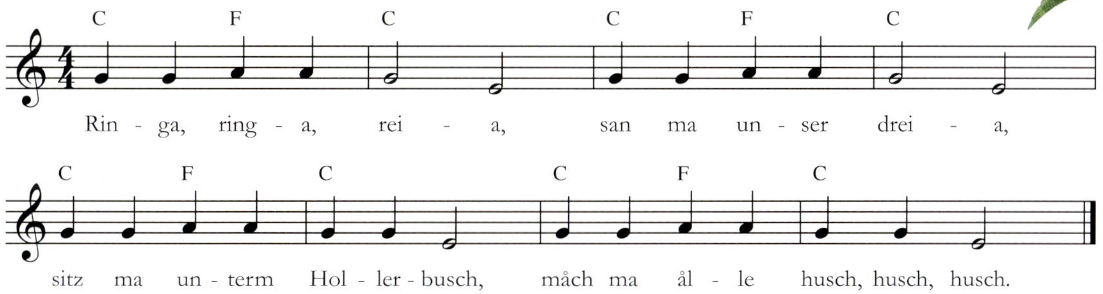

Der Text dieses einfachen Kinder(spiel)liedes wurde schon in Des Knaben Wunderhorn von Achim von Arnim und Clemens Brentano von 1806 veröffentlicht und ist in unterschiedlichen Fassungen weit verbreitet. Erste Aufzeichnungen aus Österreich stammen aus dem Beginn des 20. Jahrhunderts. (Noten und Quellenangabe von Dr. Eva Maria Hois, Steirisches Volksliedwerk)

ETYMOLOGIE: NAMENSURSPRUNG

Obwohl Sprachkundler dies zum Teil bezweifeln, ist es denkbar, dass der Name Holunder sich von der archaischen Göttin Holder oder Holle ableitet. Die Etymologie sieht hier jedoch andere Wurzeln. Im Althochdeutschen nannte man den Strauch „Holundar“ oder „Holuntar“. Die beiden ersten Silben verweisen womöglich auf einen Pflanzen-Eigennamen oder könnten vom Wort „Holun“ (heilig, gnädig) abstammen. „Tar“ bedeutete so viel wie Baum oder Strauch. Demnach wäre die Bedeutung in diesem Fall „Heiliger Baum“.

Wieder andere Quellen besagen, früher hätte man den Holunder „Schwarzbeerenbaum“ genannt und diese Bezeichnung hätte sich aus „Schwarz“ und „Baum“ zusammengesetzt. Der Namensursprung des Schwarzen Holunders wird sich wohl nie ganz aufklären lassen. Der Strauch hat im Volksmund unglaublich viele Namen, was wiederum auf seine große Bedeutung hinweist: Holler, Holder, Huller, Holderbusch, Holunderbusch, Flieder, Elderbaum, Fliederstaude, Ellhorn, Hitschel, Fledder, Alhorn, Kisseke und noch einige mehr finden sich im deutschen Sprachraum.

Der lateinische Name, *Sambucus nigra,* setzt sich aus zwei Wörtern zusammen. Sambucus könnte von einem altgriechischen Instrument abgeleitet sein, der Sambuche oder Sambuca. Dieses harfenartige Instrument war angeblich aus Holunderholz gefertigt. Das Wort nigra ist lateinisch und heißt schwarz.

BRAUCHTUM

Zahlreiche Brauchtümer und Legenden begleiten den Schwarzen Holunder durch die Jahrhunderte und werden teilweise bis heute praktiziert. Wir leben in einer sehr hektischen, nüchternen Welt, und so ist es nicht verwunderlich, dass alte Rituale und vergessenes Brauchtum wieder aufgegriffen werden. Viele Menschen befassen sich wieder mit Pflanzen und ihrer Magie, und das ist gut für den Holunder, denn er nimmt in der Reihe der „magischen Pflanzen“ einen wichtigen Platz ein!

„Holdertag“

Der 24. Juni ist der „Johannistag“, Geburtstag Johannes des Täufers. Er ist mit einigen Holunderbräuchen verbunden. Mancherorts wurde er auch „Holdertag“ genannt, weil zu dieser Zeit fast immer die zarten Holunderblüten in voller Pracht erblüht sind und die Frauen an diesem Tag traditionell Holunderküchlein, also Holunderblüten in Backteig, zubereitet haben. Diesen Brauch gibt es regional bis heute.

Auch für die jungen Frauen war der Tag bedeutsam, mancherorts glaubte man, dieser Tag ließe einen Blick in die Zukunft zu. Deshalb gingen früher junge Frauen am Holdertag zu einem Holunderbusch und schüttelten ihn kräftig, dazu sagten sie einen Spruch auf, um zu sehen, wen sie heiraten würden.

Maipfeiferl aus jungen Holundertrieben schnitzen

Maipfeiferl basteln, das sind Kindheitserinnerungen voller Nostalgie und ein wenig Wehmut! War es vor einigen Jahrzehnten noch selbstverständlich, dass jeder Bursche (und bestimmt auch einige Mädchen) ein Taschenmesser eingesteckt hatte, so finden wir heute in den Hosentaschen das Handy und vielleicht noch ein Feuerzeug. Mit dem Taschenmesser wurde nicht nur die Jause geschnitten, es wurde auch geschnitzt und gebastelt, so zum Beispiel im Mai das unverzichtbare Pfeiferl aus jungen Baumtrieben.

Begehrtes Material waren Hasel- und Weidenstöckchen, aber auch junge Holundertriebe. Diese sind jedoch etwas anders zu verarbeiten, da man hier die Rinde nicht vom Holz freiklopfen kann, wie es bei der Hasel gemacht wird. Deshalb muss der Trieb ausgehöhlt werden. Hier wird das Taschenmesser alleine nicht ausreichen, man benötigt zumindest einen Handbohrer.

So wird's gemacht: Benötigt wird ein Holundertrieb, der im Durchmesser etwa 1,5 cm dick und ca. 12 cm lang ist, er muss schön gerade und frei von Knoten oder Zweigen sein. Diesen schneidet man mit einer guten Astschere ab.

Das Innere des Holunderzweiges besteht aus einem weichen, weißen, schaumstoffartigen Mark, dieses muss nun ausgehöhlt werden. Das funktioniert am besten mit einem Akkubohrer oder Handbohrer, der Zweig wird gehalten oder eingespannt, dann bohrt man von beiden Seiten in das weiche Material, wobei das Mark aus dem Inneren bröselt. Es muss sauber entfernt werden, das Innere sollte möglichst schön und glatt sein.

Nun nimmt man einen Kerbschnitt vor (1): dazu verwendet man eine kleine Handsäge, auch manche Taschenmesser verfügen über solch ein Tool. 2 cm vom oberen Ende macht man einen waagrechten Schnitt (2), der ins Innere bis zum Hohlraum des Zweiges reicht, der Schnitt muss gerade sein und genau im rechten Winkel zur Rinde verlaufen. Der zweite Schnitt wird etwa 8 mm weiter unten angesetzt, dabei hält man das Messer leicht schräg, sodass der Schnitt von unten (3) schräg nach innen (zum Hohlraum) verläuft, bis er schließlich mit dem geraden Einschnitt zusammentrifft (2). Es soll dabei eine keilförmige Öffnung bis zum Hohlraum des Zweiges entstehen (1).

Bevor man das sogenannte Blockstück (4) anfertigt, sollte der hohle Zweig mit dem Kerbschnitt einen Tag trocknen, da er dabei an Volumen verliert und sich der innere Hohlraum noch etwas erweitert. Am nächsten Tag sucht man sich ein Stöckchen, welches vom Durchmesser her genau in den Hohlraum passt, es sollte sehr knapp sitzen. Zugeschnitten wird es auf 4 cm Länge.

Zudem muss es an einer Stelle der Länge nach etwa 2 mm abgeflacht werden (4 a), hier ist etwas Vorsicht geboten, besonders wenn man mit Kindern arbeitet. Für dieses Blockstück verwendet man bevorzugt einen festeren Haselzweig, da das weiche innere Mark des Holunders für den Klang nicht so gut ist. Ist das Blockstück zugeschnitten, schiebt man es von oben in den Hohlraum, und zwar bis dorthin, wo der waagrechte Schnitt (2) ins Innere des ausgehöhlten Holunderzweigs verläuft. Nun kann man einen ersten Pfeiftest durchführen.

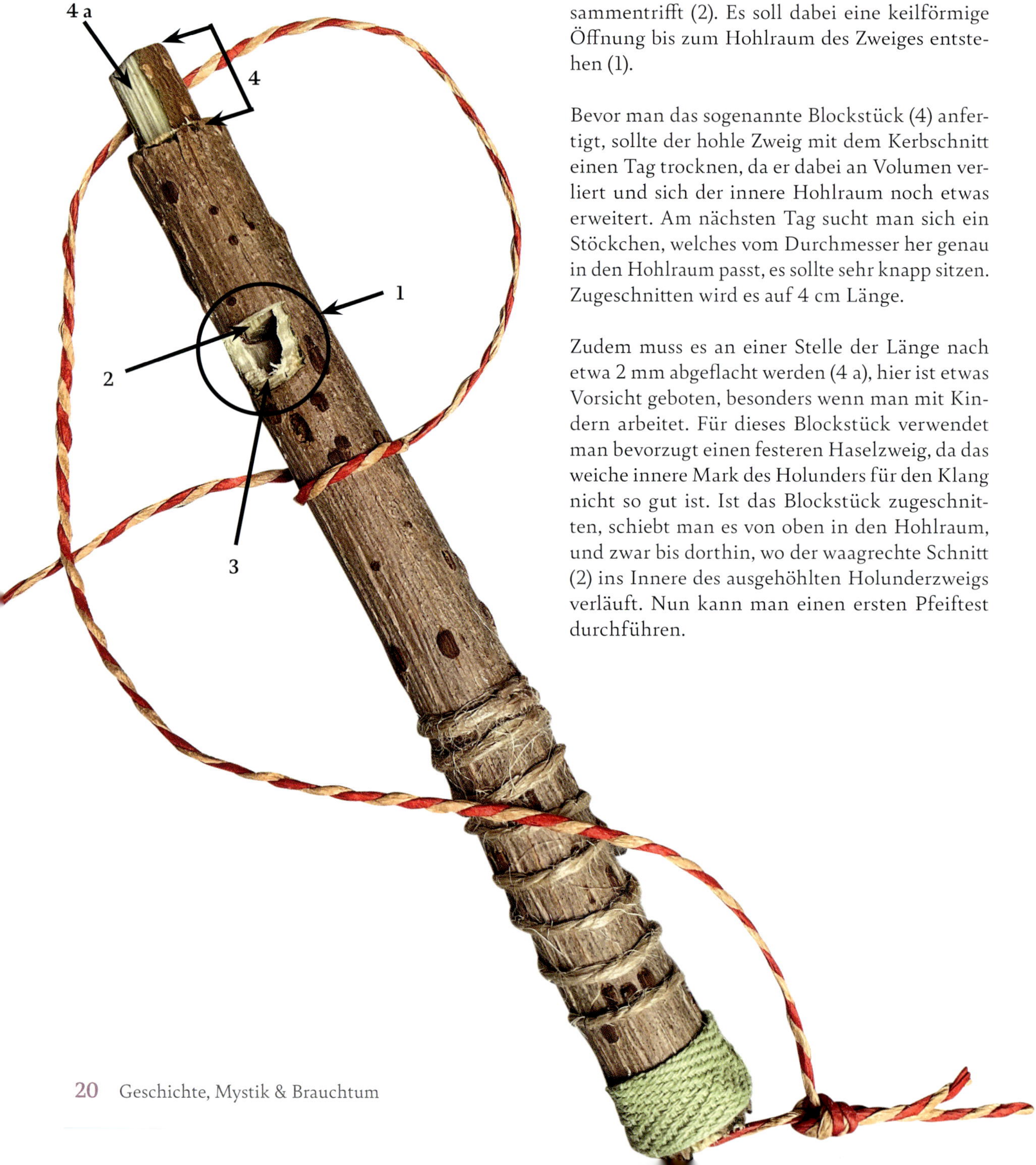

Ja, und nun sollte man nicht verzagen, denn manchmal klappt es nicht auf Anhieb mit einem guten Pfeifton. Holunderpfeifen sind recht empfindlich, was den Sitz des Blockstückes betrifft, oft reicht es schon, dieses um einen halben Millimeter nach oben oder unten zu verschieben, bei mir hat das erste Blockstück gar nicht funktioniert, und ich musste ein neues anfertigen. Mit diesem konnte ich dann die ganze Umgebung zusammenpfeifen!

Aufgrund der Tatsache, dass der Ton durch Ein- und Ausschieben des Blockstücks (4) beeinflusst wird, sollte man dieses nicht am Mundstück (= oberes Ende des hohl gebohrten Zweiges) abschneiden, sondern etwa 1 cm darüber hinausstehen lassen, so kann man es schön angreifen. Zuletzt sei noch angemerkt, dass natürlich auch das Blockstück schrumpft, wenn das Holz trocknet, was die Pfeife verstummen lässt. Man könnte also das Blockstück zu Beginn dicker auswählen und ebenso vor dem Zuschnitt einen Tag trocknen lassen, oder man legt es einige Stunden ins Wasser, dann quillt es wieder auf. Gestalterisch kann man sein Pfeifchen nun mit Bändern oder Garnen dekorieren und ein Band zum Umhängen anbringen.

Dieser schöne alte Brauch sollte vor allem mit Kindern wieder mehr praktiziert werden, es verbindet mit der Natur, regt die Phantasie an und macht einfach Spaß!

RÄUCHERN MIT HOLUNDER

Das Räuchern mit getrockneten Pflanzenteilen, Hölzern und Harzen ist ein jahrtausendealtes Ritual, bereits in der Steinzeit haben Menschen duftende Zweige wie Wacholder ins Feuer geworfen, was in Höhlenfunden belegt wurde. Für alle Hochkulturen im Lauf der Geschichte war der Räuchervorgang Teil des täglichen Lebens, der die Menschen von der Geburt bis zum Tode begleitet hat. Ägypter, Griechen, Römer, Germanen, Inder, auch die Naturvölker der Neuen Welt, alle wussten über den Wert des duftenden Rauches Bescheid. Es gab viele und unterschiedliche Gründe für die Menschen, zu räuchern: medizinische, magische und religiöse. Man reinigte und desinfizierte die Raumluft, man begrüßte einen neuen Erdenbürger oder begleitete mit dem Räucherritual einen Sterbenden, man suchte über den Rauch Verbindung zu den Göttern, und Schamanen und Medizinmänner benutzten bestimmte Räucherungen, um in eine andere Bewusstseinsebene zu gelangen. Für manche kommt das rituelle Räuchern ein wenig aus der immer wieder belächelten „esoterischen Ecke“, jedoch hat sich die wissenschaftliche Forschung in den letzten Jahren verstärkt mit unserem Geruchssinn beschäftigt und dabei Erstaunliches festgestellt – dieser Sinn beeinflusst uns nämlich viel tiefer als wir denken.

Was passiert beim Räuchern?

Beim Erhitzen der Pflanzenteile werden die in den Pflanzen enthaltenen ätherischen Öle freigesetzt, diese Öle sind es, was wir riechen. Die Öle „schwirren" als Duftmoleküle durch die Luft und werden von uns beim Atmen von der Nasenschleimhaut aufgenommen und auf schnellstem Weg ans Gehirn weitergeleitet, wo sie im limbischen System, dem ältesten Bereich unseres Gehirnes, ankommen. Diese Duftinformationen lösen nun in unserem Gehirn Gefühle aus, Freude, Angst, Erinnerungen, Trauer, Tatendrang, Spontanität und vieles mehr. Der Einfluss von Düften auf unseren Geist ist also wissenschaftlich belegt, wir müssen ihn nur zulassen und uns wieder mehr mit der Natur und ihren Geheimnissen verbinden. Um mit allen Sinnen zu räuchern, muss man spirituell offen sein und eine starke Verbindung zur Natur haben. Besonders schön ist es, die Räucherzutaten selber zu sammeln und zu trocknen. Zeremonielles Räuchern wird in Ländern wie z. B. Indien, Japan, Arabien, China oder Tibet auch heute noch täglich praktiziert, die Menschen sind von der Bedeutung dieser Rituale überzeugt, und es verbindet sie mit der Natur und ihrer Geschichte. Bei uns ist leider vieles davon verloren gegangen, aber es scheint langsam wieder ins Bewusstsein der Menschen zurückzukehren, man beschäftigt sich mit überlieferten Abläufen und erkennt wieder ihre Bedeutung. Der Holunder ist bei uns heimisch, täglich in unserer Nähe, mit all seinen Schätzen für uns da, also wieso ihn nicht einmal auf diese etwas andere, sinnliche Art nutzen?

Der Holunder als Räucherdroge

Der Holunder ist eine der ältesten Schutz- und Räucherpflanzen, die uns bekannt sind. Dem Rauch werden schützende und heilende Wirkung nachgesagt, er öffnet das Herz und hebt die Stimmung. Wir können bei einer Holunderräucherung nach unserem Schicksal fragen und die richtige Entscheidung in einer bestimmten Situation finden. Er ist einer der bedeutendsten Schwellenbäume für Übergangszeremonien von dieser Welt in eine andere. Grundsätzlich können alle Pflanzenteile des Holunders getrocknet und verräuchert werden: Rinde, Mark, Blüten, Blätter, Beeren und Wurzeln.

Die „Wohlfühl- und Entspannungs-Räucherung"

Mit dem Rauch von Holunder können wir wunderbare Momente der Ruhe, des Genießens und der Harmonie erleben. Hierfür sind die getrockneten Blüten und Blätter, aber auch getrocknete Beeren bestens geeignet. Eine Räucherung mit Holunder sollte immer respektvoll geschehen, die Zeremonie beim Herrichten des Stövchens, beim Auflegen des Räuchergutes, beim Entzünden der Kerze soll bewusst und liebevoll genossen werden. Die Blüten entwickeln einen sehr feinen, dezent blumig duftenden Rauch, der den Raum in eine frische, leichte Atmosphäre hüllt. Der frühlingshafte Duft beflügelt unseren Geist, entschleunigt uns vom Alltag und macht unsere Gedanken frei für Entscheidungen, die wir schon lange vor uns her schieben. Auch vor dem Schlafengehen ist eine Holunderblüten-Räucherung angenehm, sie bringt uns zur Ruhe und verhilft uns zu angenehmen Träumen.

Will man eine Räuchermischung mit Holunderblüten zusammenstellen, so sollte man auch bei den weiteren Zutaten hauptsächlich wieder zu Blüten greifen, um die Zartheit des Räucherwerkes nicht zu zerstören. Geeignet sind Kamille, Johanniskraut, Rose, Lavendel, eventuell einige Körnchen Weihrauch. Holunderblüten sollten nur auf dem Räucherstövchen verwendet werden, für das Räuchern in der Räucherpfanne mit Kohle wären sie zu zart.

Die „Ritualräucherung"

In der weit komplexeren Ritualräucherung hat der Holunder eine sehr alte und wichtige Stellung als sogenannter Schwellenbaum, nach dem Glauben unserer Ahnen öffnet er das Tor in die „Erdunterwelt", die Anderswelt, die in die Erde hineinführt. Dort existieren Naturgeister, Erdwesen, Zwerge, aber auch unsere Ahnen, unsere lieben Verstorbenen. Diesen Glauben zu belächeln, wäre wohl etwas ignorant, denn er ist älter als unser Christentum. Viele alte Völker haben Holunder verräuchert, um mit ihren Ahnen Kontakt aufzunehmen.

Hier kommen nun auch das Holunderholz, die Rinde und das Mark zum Einsatz. Darüber gibt es unterschiedliche Meinungen, denn der Holunder wurde früher oft im Eingangsbereich von Häusern gepflanzt, weil man meinte, dass der Strauch negative Energien auffängt und so vom Haus fernhält. Manche befürchten, dass das Holz beim Räuchern die negative Energie wieder freisetzt.

Andererseits ist Holunder ein wichtiges Räuchermaterial bei Ahnenräucherungen, Kontaktaufnahmen zum Jenseits, Abschied von Verstorbenen, Schutz vor Geistern und schlechten Einflüssen. Getrocknet werden hierfür die jungen Holundertriebe mit dem weichen Mark im Inneren sowie die junge Rinde.

Räuchern mit der Räucherpfanne

Diese Art des Räucherns ist rituell, und es ist sehr interessant, hier tiefer in die Materie zu gehen. Mit der Räucherpfanne werden Räume und ganze Häuser ausgeräuchert, um negative Energien zu lösen und Gefühle aus der Vergangenheit zu vertreiben. Dieses Brauchtum des Ausräucherns von Gebäuden ist sehr alt!

Benötigt werden eine Räucherpfanne, Räuchersand, Räucherkohle mit ihrer typischen Vertiefung und eine Zange zum Festhalten der Kohle. Man hält die Kohle mit der Zange fest, entzündet die Kohle mit einem Feuerzeug, bis sie knistert und stellt sie dann aufrecht (wie ein Rad, siehe Foto oben links) auf den Räuchersand in der Räucherpfanne.

Wenn die Kohle zur Gänze durchgeglüht ist und fast weiß wird, kann man sie im Sand nun hinlegen, sodass die Vertiefung in der Kohle nach oben schaut, und das Räuchergut mit einem Löffel in die Vertiefung geben.

Räuchermischung
MIT GETROCKNETEN HOLUNDERBLÜTEN FÜR DAS RÄUCHERSTÖVCHEN

ZUTATEN*

1 Teil Holunderblüten
1 Teil Holunderbeeren oder Holunderblätter
1 Teil Rosenblütenblätter
1 Teil Kamillenblüten
1 Teil Johanniskraut

* Bei allen Zutaten ist hier von getrockneten Pflanzenteilen die Rede!

ZUBEREITUNG

❀ Blüten und Beeren oder Blätter mischen und in einem gut schließenden Glas lichtgeschützt aufbewahren. Für den Räuchervorgang etwa 2 EL locker auf dem Gitter des Stövchens verteilen, das geht am besten mit einer kleinen Räucherzange. Teelicht anzünden, entspannt hinlegen oder hinsetzten, eine Tasse Kräutertee genießen und den Duft bewusst einatmen. Nach einiger Zeit kann das bereits ausgeräucherte Pflanzenmaterial am Rand des Gitters verteilt und nochmal ein EL frisches Räuchergut nachgelegt werden.

Räuchermischung
MIT HOLUNDERHOLZ UND MARK FÜR STÖVCHEN ODER RÄUCHERPFANNE MIT KOHLE

ZUTATEN*

1 Teil Holunderholz mit Mark oder Holunderrinde
1 Teil Salbei
1 Teil Mistel
½ Teil Beifuß
½ Teil Weihrauch

ZUBEREITUNG

❀ Holz, Salbei, Mistel und Beifuß grob zerkleinern und mit dem Weihrauch mischen. In einem gut schließenden Glas lichtgeschützt aufbewahren.

Tipp ** Getrocknete Pflanzenteile sind auch hier wieder das Ausgangsmaterial. Diese Mischung ist robuster und verträgt auch die schärfere Hitze der Methode mit Räucherpfanne und Kohle.*

Farbtafel aus dem Buch „FLORA VON DEUTSCHLAND" von J. Sturm, 1906

Botanik des Schwarzen Holunders

VORKOMMEN

Der Schwarze Holunder ist uns allen vertraut als stark verzweigter Strauch, der im besten Fall bis zu 10 Meter hoch werden kann. In den Plantagen wird er heute vorwiegend als Baum „erzogen", wild wachsend dominiert jedoch die Strauchform, mit welcher wir uns hier botanisch auseinandersetzen. Betrachtet man seine Wuchsform nach ästhetischen Gesichtspunkten, so ist er nicht wirklich durch seine Schönheit auffallend, er erinnert ein wenig an einen ungepflegten Haarschopf, so wild verzweigt wie er wächst, wenn er von der menschlichen pflegenden Hand verschont bleibt. Ausgenommen sei der Frühling, wenn ihn das weiße Blütenmeer wie ein Heiligenschein umgibt, dann ist der Holunderstrauch der leuchtende Hingucker in jeder Hecke!

Der Schwarze Holunder ist eine der am häufigsten vorkommenden Straucharten in Mitteleuropa, er wächst aber auch in Teilen Sibiriens, im Kaukasus, in Nordindien und in Nordafrika. Sein Vorkommen reicht bis auf Seehöhen von etwa 1600 Metern. Er siedelt gerne an Waldrändern, Lichtungen sowie in den Hecken, die an Bachufern oder am Rand von Äckern verlaufen. Häufig sucht sich der Strauch aber auch einen Platz an alten, oft verfallenen Gemäuern, neben Wirtschaftsgebäuden oder auch auf Schutthalden. Er mag die Gesellschaft von Weiden, Schlehdorn und Weißdorn, er ist oft von Brennnesseln umgeben und daher, so wie diese, ein Stickstoffzeiger, und er sucht die Nähe der Menschen. Der äußerst widerstandsfähige Strauch wird bis zu 100 Jahre alt, es wurden sogar noch ältere Exemplare gefunden. In Plantagen angebaute Edelholundersorten können mit diesem Alter nicht mithalten, ihre Lebensdauer beträgt etwa 20 Jahre.

BOTANISCHE ZUGEHÖRIGKEIT

des Schwarzen Holunders

Der Schwarze Holunder (*Sambucus nigra*) gehört zur Gattung der Holunder (*Sambucus*) und diese Gattung wiederum gehört zur Familie der Moschuskrautgewächse (*Adoxaceae*). Verwandte des Schwarzen Holunders, die ebenso zur Familie der Moschuskrautgewächse gehören, sind z. B. der Rote Holunder (*Sambucus racemosa*, auch Trauben- oder Hirschholunder genannt), der Zwergholunder oder Attich (*Sambucus ebulus*), der Gewöhnliche Schneeball (*Viburnum opulus*) und der Wollige Schneeball (*Viburnum lantana*) sowie das Moschuskraut (*Adoxa moschatellina*). Der Rote Holunder und der Zwergholunder sind hierbei die „Blutsverwandtschaft" des Schwarzen Holunders, denn sie sind auch Mitglieder der Gattung Holunder. Die Holunder- und auch die

Schneeballarten findet man in älteren Büchern noch unter der Familie der Geißblattgewächse, von dort wurden sie jedoch „ausquartiert“ und den Moschuskrautgewächsen zugeordnet. Ich habe etliche Standorte entdeckt, wo der Schwarze Holunder in nächster Nähe mit dem Gewöhnlichen Schneeball anzutreffen war. Roter Holunder und Zwergholunder scheinen ihren engen Verwandten eher zu meiden, diese Sträucher habe ich seltener in der gleichen Hecke gefunden.

Holunderstrauch im Jahreslauf

DIE WUCHSFORM

Der Holunder wächst sehr buschig, mit weit ausladenden, bogenförmigen, langen Ästen. Der wild wachsende Strauch hat meist nicht nur einen, sondern mehrere dicke Hauptstämme, die schräg und oft auch etwas krumm nach oben wachsen. Diese Stämme und die dicken Äste haben eine sehr markante, längsgefurchte, rissige Borke von graubrauner Farbe, die länglichen Erhebungen der aufgerissenen Borke sind hell, fast weiß. Die Zweige bzw. Triebe sind mit einem weißen, schaumstoffartigen Mark gefüllt, welches bei stärkeren Zweigen bis zu einem Zentimeter dick sein kann.

Die Rinde

Die Zweige haben im Gegensatz zum Stamm eine glatte Rinde, deren Farbe mehr ins silbrige Grau denn ins Braun geht. Betrachtet man sie näher, so fallen einem viele kleine, hellere Erhebungen auf, die sogenannten Lentizellen. Diese kleinen Korkporen findet man auf vielen heimischen Gehölzen, schön erkennbar sind sie zum Beispiel auch an den Ästen der Forsythie. Diese kleinen Noppen sind „Luftschächte", sie ermöglichen einen Gasaustausch ins Zweiginnere, sind also wichtige Atmungsorgane der Pflanze.

Die Knospen

Die Knospen setzen bereits im Spätherbst an, sie sind 5–9 mm lang, eiförmig und von fast violetten Knospenschuppen umgeben. Sie sind zu Winterbeginn fast immer schon angetrieben und treiben auch in milderen Wintern weiter. Im Februar strecken sie erste Blätter aus ihrer kuscheligen Winterruhe, diese sind bereits hellgrün. In diesem Stadium ähnelt die Optik der Knospe ein wenig einer Krake.

Die Blätter

Der Holunder ist ein sehr früh austreibender Strauch, erste kleine, voll geöffnete Blätter sind bereits ab März, manchmal schon Ende Februar sichtbar, danach wachsen sie sehr schnell, sobald es wärmer wird. Ein voll entfaltetes Fiederblatt besteht aus dem Blattstiel und 5–7 elliptischen, vorne zugespitzten Einzelblättchen, die man Fiederblättchen nennt. Die Anzahl besagt auch, dass das Blatt unpaarig gefiedert ist, es gibt am Ende des Blattstieles ein mittiges Endblättchen. Die Fiederblätter sind am Blattstiel gegenständig angeordnet. Das gesamte Blatt kann bis zu 30 cm lang werden, die einzelnen Fiederblättchen sind etwa 6–8 cm lang und etwa halb so breit. Die Oberseite eines ausgewachsenen Blattes ist mattgrün, die Unterseite etwas heller und kahl. Der Schwarze Holunder ist sommergrün. Die Blätter bleiben recht lange, je nach Witterung oft bis Dezember, am Gehölz und verfärben sich kaum. Bei den Edelholundersorten sind Blattverfärbungen auffallender. Das Zerreiben der Blätter setzt den charakteristischen Holundergeruch frei, welcher sehr intensiv ist und von manchen Menschen als unangenehm empfunden wird. Kleiner Ausflug in die mythische Welt: Holunderblätter sind, laut diverser Überlieferungen, deshalb mit diesem unangenehmen Geruch gebannt, da sich Judas an einem Holunderbusch erhängt haben soll ...

Blüten

Ein blühender Holunderstrauch ist botanisch wohl eine der markantesten Pflanzen im Frühling. An Waldrändern, auf Lichtungen, in Hecken, neben alten Gemäuern, aber auch in städtischen Parkanlagen leuchten die prächtigen, weißen Blütenstände aus dem umliegenden Grün heraus und verströmen ihren wundervoll süßlichen Duft. Die bis zu 30 cm großen, flachen, weit verzweigten Blütenstände tragen an die 100 Einzelblüten. Umgangssprachlich und fälschlicherweise wird der Blütenstand des Holunders meist als Dolde bezeichnet, er ist jedoch botanisch betrachtet eine sogenannte Schirmrispe. Typisch für die Schirmrispe ist die Lage der Blüten, sie befinden sich nämlich alle nahezu auf einer Ebene. Aufgrund der Ähnlichkeit zur Dolde findet man bei botanischen Beschreibungen auch hin und wieder die Bezeichnungen „Doldenrispe“ und „Trugdolde“. Die einzelnen kleinen, gelblich weißen Blütchen sind fünfzählig. Das bedeutet, dass sie aus fünf äußeren grünen Kelchblättern und 5 inneren, miteinander verwachsenen Kronblättern bestehen. Innerhalb der Kronblätter liegen fünf Staubblätter mit gelben Staubbeuteln sowie drei miteinander verwachsene Fruchtblätter, welche später bei Ausbildung der Früchte drei Steinkerne mit Samen bilden. Die aromatischen Blüten bilden keinen Nektar, dafür aber reichlich Pollen, sie sind eine wichtige Nahrung für viele Schmetterlinge, Wespen, Fliegen und Käfer, diese Insekten sind auch die Hauptbestäuber der Blüten. Die Blüten sind zweigeschlechtig, sie enthalten weibliche Blütenteile (die Fruchtblätter) wie auch männliche Blütenteile (die Staubblätter).

Die Früchte

Die Früchte des Holunders werden umgangssprachlich als Holunder„BEEREN" bezeichnet, botanisch ist das jedoch nicht korrekt, denn es handelt sich hier um STEINFRÜCHTE, wie bei der Kirsche oder Zwetschke. Die Steinfrüchte sind kugelig, 4–7 mm groß (das ist sehr unterschiedlich!), anfangs grün, in reifem Zustand schwarz-violett glänzend und sehr saftreich, das Fruchtfleisch umschließt die drei Steinkerne völlig. Zugleich mit der Beerenreife färben sich auch die Stiele, auf denen die Früchte sitzen, violett. Steinfrüchte sind Schließfrüchte, das bedeutet, dass sie sich bei der Reife nicht öffnen und die Samen freigeben, wie das z. B. bei Hülsenfrüchten der Fall ist. Zur natürlichen Vermehrung des Holunders tragen hauptsächlich Vögel bei. Etwa 50 Vogelarten fressen die Steinfrüchte des Schwarzen Holunders, sie verdauen das Fruchtfleisch und scheiden die Samen unversehrt aus, wo auch immer sie sich gerade befinden. Trifft der Samen auf einen guten Wuchsplatz, so treibt er aus, und ein neuer Strauch wächst heran. Auch einige kleine Säugetiere wie z. B. Marder oder Waldmäuse fressen die Beeren und verbreiten durch ihre Ausscheidung die Samen.

Die Wurzeln

Der Holunderstrauch wird in der Botanik als Flachwurzler bezeichnet, die Wurzeln verlaufen strahlenförmig recht knapp unterhalb der Erdoberfläche und bedecken einen sehr großen Bereich. Sie stabilisieren den Strauch also nicht in die Tiefe, sondern in die Breite. Die Wurzeln reichen oft unterirdisch weiter hinaus, als es die Zweige tun. Mit dieser Strategie hält sich der Holunder lästige Nachbarn vom Hals, was aber auch bedeutet, dass man ihn nicht neben dem Gemüsegarten oder neben einem Obstbaum ansiedeln sollte. Das Wurzelgeflecht besteht aus einigen dickeren Hauptwurzeln und sehr vielen feinen Nebenwurzeln. Mit längeren Trockenperioden kann der Strauch gut umgehen, dies hat höchstens Auswirkungen auf die Fruchtbildung.

Kurze Botanik der zwei ENGSTEN VERWANDTEN DES SCHWARZEN HOLUNDERS

Traubenholunder oder Roter Holunder

Der lateinische Name dieser auch Hirschholunder genannten Art lautet „*Sambucus racemosa* ", der markanteste Unterschied zum Schwarzen Holunder ist die leuchtend rote Farbe seiner reifen Beeren im Sommer. Der Rote Holunder liebt höhere, teils schon gebirgige Lagen bis 2000 Meter, er ist besonders robust und wächst auch an schattigen Plätzen sehr gut. Seine Wuchsform ähnelt der des Schwarzen Holunders, jedoch bleibt der Strauch meist zarter und kleiner. Die Zweige sind innen mit weichem Mark gefüllt, welches aber nicht weiß, sondern eher gelb bis braun ist. Seine Blätter haben, wenn sie austreiben, eine rötliche Farbe und werden erst später grün, wohingegen der schwarze Holunder bereits grün austreibt. Ausgewachsen sind es fünfzählige, unpaarig angeordnete Fiederblätter, die einzelnen Fiedern sind schmal und vorne stark zugespitzt. Das Austreiben der Blätter erfolgt zeitgleich mit dem Erscheinen erster Blüten ab April (beim Schwarzen Holunder erscheinen die Blüten erst lange nach

den Laubblättern). Die Blütezeit währt danach bis Mai, die Blütenfarbe ist gelblich-grün und die Blüten verströmen einen aromatischen Duft. Recht früh, manchmal schon ab Ende Juni, reifen die „Beeren", welche botanisch wiederum Steinfrüchte sind. Die Früchte des Roten Holunders sind roh nicht genießbar und müssen, wie jene ihres schwarzen Verwandten, abgekocht werden. Die Kerne sind allerdings trotz Erhitzens giftig und müssen entsorgt werden, verwendbar ist also nur der aufgefangene, abgeseihte Saft.

Zwergholunder oder Attich

Der lateinische Name dieser Holunderart lautet „*Sambucus ebulus* ", die Bezeichnung Zwergholunder rührt daher, dass er mit etwa eineinhalb Metern Wuchshöhe sehr klein bleibt. Er ist eine ausdauernde krautige Pflanze, also eine Staudenpflanze und kein Strauch! Die Äste bleiben krautig, das heißt, sie verholzen nicht. In Europa ist Zwergholunder sehr häufig anzutreffen, zumeist an Weg- oder Waldrändern in Höhenlagen bis zu 1500 Metern. Auch bei dieser Holunderart sind die krautigen Äste innen mit weichem Mark gefüllt, die Blätter sind ebenfalls gefiedert, tragen jedoch 7–9 schmal und spitz zulaufende, lanzettförmige Fiederblättchen. Die Einzelblüten haben markante purpurne Staubbeutel, (der Schwarze Holunder hat gelbe), die Blütenschirme bestehen aus weit weniger Blüten als bei den beiden anderen Holunderarten. Ende August reifen die kugeligen, tiefschwarzen Beeren (bzw. Steinfrüchte), die Fruchtstände sind steif nach oben gerichtet, nicht hängend wie beim Schwarzen oder Roten Holunder. Zusätzlich unterscheiden sich die Beeren durch eine kleine Delle in der Fruchtschale von den schwarzen Holunderbeeren. Die ganze Pflanze hat einen sehr unangenehmen Geruch und ist giftig (besonders Blätter und Wurzeln), der Verzehr der Beeren könnte sogar tödlich ausgehen.

HOLUNDER IN GARTEN, WALD UND WIESE

Holunder wächst in unseren Breiten häufig und überall, und es ist für jeden Naturliebhaber ein Vergnügen, sich zur Blütezeit oder zur Beerenreife mit Korb und Schere bewaffnet auf die Suche nach wild wachsenden Sträuchern zu begeben, die Gratisernte heimzubringen und zu köstlichen gesunden Produkten zu verarbeiten. Dennoch ist es für jeden Holunderfreund, der eigenen Grund

und Boden sein Eigen nennen kann, besonders erfreulich und fast magisch, den geliebten „Hollerbuschen" vor der Haustüre zu haben.

Nichts leichter als das, bietet doch heute jede Baumschule oder jedes Gartencenter diverse Sorten bereits in beachtlicher Größe an, meist im Topf mit schön entwickeltem Wurzelballen. Hier findet man besonders ertragreiche Sorten wie Haschberg, Korsor oder Blochwitz, aber auch optische Besonderheiten wie die rotlaubigen Sorten Black Beauty oder Black Lace oder den gelblaubigen Goldholunder. Diese Sorten sind alle wunderschön, mit ihren riesigen Blütenständen, großen Beeren und dem oft markant gefärbten Laub, und bei all den oben genannten Sorten sind Früchte und Blüten verwertbar wie beim wilden Schwarzen Holunder.

Oftmals braucht man gar nichts tun, und der Holunder kommt selbst zu einem, er sucht sich seinen Platz im Garten, und wenn dieser nicht ganz unpassend ist, sollte man ihn unbedingt gewähren lassen. Er liebt saure, stickstoffreiche Böden an sonnigen Plätzen, er benötigt zu Beginn seines Lebens Feuchtigkeit, und wenn ein Same an so einem Ort landet, keimt und wächst er. Beobachtet man die Standorte in der Natur, so sieht man den Strauch oft von hohen Brennnesseln eingerahmt, welche ja der beste Stickstoffzeiger sind. Hat man also im Garten eine Stelle, wo schöne Brennnesseln wachsen, so ist dieser Boden für Holunder geeignet. Kommt der Holunder nicht von selbst, so gibt es einige Möglichkeiten, sich aus einem wild wachsenden Strauch einen Holunderstrauch für den Garten zu ziehen.

Holunder selbst ziehen

Grünstecklinge

Die einfachste und erfolgversprechendste Methode ist es, einen sogenannten Grünsteckling anzutreiben. Die optimale Zeit hierfür ist nach der Blüte. Mit einer kräftigen, scharfen Gartenschere werden 15 cm lange, möglichst gerade Zweigstücke (Stecklinge) vom Strauch abgeschnitten. Es sollten möglichst junge Triebe sein, die jedoch bereits zu verholzen beginnen, aber noch keine Blütenansätze haben. Die Blätter werden entfernt, bis auf das letzte Blattpaar an der Spitze des Stecklings, dieses wird stehen gelassen.

Nun werden kleine Pflanztöpfe mit Anzuchterde gefüllt, am besten sollten gleich mehrere Stecklinge eingepflanzt werden, da meist nicht alle treiben. Die Grünstecklinge kommen mit der Schnittstelle nach unten etwa 3 cm tief in die Erde. Die Anzuchttöpfchen müssen hell stehen und feucht gehalten werden. Auch ein Gewächshaus ist ideal, wenn es gut belüftet ist.

Bis zum Herbst sollten die Stecklinge sich zu kleinen Pflänzchen entwickelt haben. Diese können nun direkt an einer geeigneten Stelle im Garten eingepflanzt werden, dort müssen sie allerdingst einen guten Kälteschutz bekommen (Laub, Reisig, Vlies ...). Besser wäre es, sie vorerst bis zum Frühjahr in einen größeren Topf zu pflanzen und diesen vor Kälte geschützt zu überwintern (temperiertes Gewächshaus, Windfang ...; Quelle: https://utopia.de/ratgeber/holunder-vermehren-richtiger-zeitpunkt-und-technik/).

Steckhölzer

Diese Methode ist schon etwas anspruchsvoller und wird meist von Baumschulen praktiziert. Im Winter werden an einem frostfreien Tag aus einjährigen Trieben etwa 15 cm lange, blattlose Steckhölzer geschnitten. Diese müssen am unteren und oberen Ende je ein Knospenpaar aufweisen. Diese Hölzer werden mit der unteren Seite bis zu etwa ¾ ihrer Länge in mit Anzuchterde gefüllte Töpfe gesteckt. Bis zum Frühjahr sollten die Stecklinge Wurzeln ansetzen und neu austreiben. Hierfür gibt es zahlreiche bebilderte Anleitungen im Internet. Im gewerblichen Holunderanbau werden diese Jungtriebe dann innerhalb von etwa zwei Jahren durch gezieltes Schneiden zur Baumform erzogen.

Holundersamen

Die Vermehrung des Schwarzen Holunders über seine Samen sollte der Natur überlassen werden, da es einige Stolpersteine gibt, die diesen Weg recht kompliziert machen. Holunder ist ein Kaltkeimer, das bedeutet, der Samen muss einen Kältereiz bekommen, um auszutreiben. Zusätzlich haben die Samen eine Art Keimhemmung „eingebaut", jeder Fruchtkern ist mit einer Schale umgeben, die den Embryo schützt. Diese beiden Hemmschwellen zu überwinden ist nicht ganz einfach und soll hier nicht genauer erklärt werden (Interessierte finden eine gute Beschreibung auf: https://www.gartenjournal.net/holunder-ziehen).

Foto © Sabine Gasparitz

Standort und Pflege

Zum Gemüsegarten sollte ein großzügiger Abstand, etwa 4 Meter, eingehalten werden. Die weit auswuchernden Wurzeln des Strauches erobern das Umfeld und würden den Gemüseanbau beeinträchtigen. Auch zu anderen Sträuchern oder Bäumen ist ein Abstand von etwa 2 Metern vorteilhaft. Das Pflanzloch kann mit etwas Kraftfutter in Form von Kompost und Hornspänen ausgestattet werden, in der ersten Zeit muss in Trockenperioden gegossen werden. Ist der Strauch gut angewachsen, so ist er pflegeleicht und anspruchslos, er kommt sehr gut ohne unsere eingreifende Hand aus, außer man will durch gezielten Nachschnitt eine spezielle Form oder eine reichere Ernte erzielen. Und wenn sich, so wie in freier Natur, die Brennnesseln darunter ansiedeln, so ist es gut, sie gewähren zu lassen und sich über den zusätzlichen Wildkräutersegen zu freuen!

Der Schwarze Holunder kann von Viren, Blattmilben und besonders häufig von Blattläusen befallen werden. Der Strauch ist jedoch so robust, dass ihm diese Krankheiten und Schädlinge meist nichts anhaben können. Diverse Lausarten, wie zum Beispiel die Holunderblattlaus, nisten sich besonders gerne im Frühling auf dem Strauch ein, wenn er richtig schön im Saft steht. Auch während der Blütezeit kann es passieren, dass ganze Blütenstände bewohnt sind, diese sind dann natürlich für die Ernte ungeeignet. Die kleinen Tierchen verschwinden jedoch danach auch wieder ebenso plötzlich wie sie gekommen sind. Ist der Holunderstrauch im eigenen Garten betroffen, so kann Besprühen mit Brennnesseljauche helfen.

Auch aus Holunderblättern lässt sich eine Jauche herstellen, welche schon seit vielen Generationen als gutes Mittel gegen Wühlmäuse gilt: Etwa 500 g frische Holunderblätter in einem Eimer mit 10 Litern Wasser übergießen, den Eimer abdecken, jedoch nicht luftdicht verschließen, und an einem sonnigen Ort aufstellen. Die Jauche etwa zwei Wochen reifen lassen, einmal täglich umrühren. Die streng riechende Jauche unverdünnt in die Wühlmausgänge gießen, angeblich soll der widerliche Geruch die Tierchen vertreiben. Es ist allerdings mit deren Rückkehr zu rechnen, sobald der Gestank verflogen ist. Verdünnt man die Holunderjauche 1:10 mit Wasser, kann sie auch als Spritzmittel an von Pilzen befallenen Pflanzen angewandt werden.

Ein Holunderstrauch im Garten ist auf jeden Fall eine Bereicherung, in früheren Zeiten gehörte er unbedingt zu jedem Gehöft. Der Strauch liefert uns wunderbare Zutaten für Küche und Hausapotheke, und er verbindet uns mit alten Mythen und Riten.

DIE HOLUNDERPLANTAGE –

Anbau im großen Stil

Der gewerbliche Anbau von Edelholunder hat in der Steiermark einen hohen Stellenwert, verfügt dieses Bundesland doch über die weltweit größten Anbaugebiete der wunderbaren Beere. Steirischer Holunder wird heute in die ganze Welt exportiert und ist hochangesehen, vor allem im pharmazeutischen Bereich. Aus dem Grunde soll diesem Bereich ein Kapitel dieses Buches gewidmet sein, denn es gibt zum Thema gewerblicher Holunderanbau viele interessante Fakten, die für den gemeinen naturbegeisterten Wildholundersammler völlig neu und bestimmt wissenswert sind.

Mein Ansprechpartner war die Steirische Beerenobstgenossenschaft eGen, wo ich vom Geschäftsführer Dir. Ing. Stefan Lampl BA sehr nett empfangen und unterstützt wurde. Ausgerüstet mit einem sorgfältig überlegten Fragenkatalog durfte ich ihn im Stützpunkt Lieboch, wo sich auch die riesigen Kühlhäuser der Beerenfrost Kühlhaus GmbH befinden, besuchen und meinen Wissenshunger stillen. Mein Interview mit Ing. Stefan Lampl über den gewerblichen Holunderanbau möchte ich hier wiedergeben.

Interview mit dem Geschäftsführer der Beerenobstgenossenschaft

Wie verlief die geschichtliche Entwicklung des Holunderanbaus speziell in der Steiermark, wie lange wird Holunder schon gewerblich angebaut und wie kam es dazu?

Im Jahr 1976 wurde die erste Holunderanlage ausgepflanzt, 1978 fand die erste Übernahme der Beeren durch die Steirische Beerengenossenschaft statt. Die Entwicklung der Holunderplantagen beruht eigentlich auf dem Niedergang einer anderen Beerenobstsorte, die im großen Stil angebaut wurde, nämlich der Schwarzen Johannisbeere. In den 60er- und 70er-Jahren erlebte der Anbau der Schwarzen Johannisbeere einen regelrechten Höhenflug, besonders in der Steiermark. Rekordernten brachten Rekordgewinne für die Landwirte, doch leider folgt auf so manchen Höhenflug ein Niedergang: Die Umstellung auf mechanisierte Ernteverfahren wurde verabsäumt, der Anbau verlagerte sich immer mehr nach Osteuropa, wo viel günstiger verkauft wurde, und der Todesstoß war zuletzt die Atomkatastrophe von Tschernobyl 1986. Die Verseuchung der Beeren führte zu einem Ernteverbot in ganz Österreich, und so verlor der konventionelle Anbau der Schwarzen Johannisbeere an Bedeutung. Kluge und umsichtige Köpfe wurden sodann auf den schwarzen Holunder und seine herausragenden Eigenschaften aufmerksam, und ein neuer „alter" Beerenobststar war geboren!

Welche Holundersorten werden im gewerblichen Anbau bevorzugt und warum?

Die Hauptsorte im gewerblichen Bereich ist die „Haschberg", sie wurde in den 1960er und 1970er Jahren am Haschhof, einem Versuchsgut der HBLA Klosterneuburg, selektiert. Weitere geeignete Sorten sind Rubin, Blochwitz, Preding und Kornberg. Die „Haschberg" zeichnet sich dadurch aus, dass sie ab 300 Meter Seehöhe (z. B. in St. Anna am Aigen) bis 900 Meter Seehöhe (z. B. Koralpe) angebaut werden kann. Diese Eigenschaft ist besonders in der Steiermark gefragt. Hinzu kommt, dass die Beeren ziemlich gleichzeitig ausreifen. Zudem zeichnet sich die Sorte „Haschberg" durch einen besonders hohen Gehalt an Anthocyanen aus, das ist der rote Farbstoff (ein sekundärer Pflanzenstoff), der für die Pharmazie und Nahrungsergänzungsmittelherstellung relevant ist.

Was wird aus der Ernte vorrangig erzeugt?

Ursprünglich wurde ein Großteil der Ernte als Farbstoff für Lebensmittel verarbeitet. Der große Vorteil beim Holunder als Farbstoff liegt darin, dass auf dem damit gefärbten Lebensmittel keine E-Nummer angegeben werden muss, der Farbstoff scheint also nicht auf, da er ja natürlich ist und nur in winziger Menge beigefügt wird. So werden etwa Molkereiprodukte (wie Erdbeerjoghurt) oder Gummibärchen, diverse Süßigkeiten oder auch Rotwein damit aufgehübscht.

Aber auch im Textilbereich wird die intensive Farbe genutzt, für Stoffe, Wolle und auch Leder. Heute ist der Farbstoff schon so weit standardisiert, dass der Kunde auch bei unterschiedlichen Ernten immer ein gleichbleibendes Produkt erhält.

In den letzten Jahren treten allerdings die heilsamen Eigenschaften des Holunders immer mehr in den Vordergrund, und so wandern immer größere Anteile der Ernte in den Nahrungsergänzungsbereich. Der Endkunde bekommt den verarbeiteten Holunder in Form einer Flüssigkeit, als Pulver oder Konzentrat. Um 1 kg Pulver herzustellen, werden 200 kg Holunderbeeren benötigt!

Wie viele Holunderbetriebe gibt es in Österreich, welche Anbaufläche wird dabei genutzt, und wieviel wird geerntet?

Zurzeit gibt es etwa 250 Produzenten, die Holunderplantagen bedecken ca. 800 Hektar Anbaufläche. Die Gesamternte beträgt im Moment jährlich etwa 5000 Tonnen, die Blütenernte spielt mit etwa 20 Tonnen eine untergeordnete Rolle. Etwa 80 % der österreichischen Holunderernte kommen aus der Steiermark!

Welche sind die größten natürlichen Feinde des Holunders?

Die schlimmsten Plagen sind Wühlmäuse, die den Holunder besonders lieben, und die asiatische Kirschessigfliege. Letztere befällt intakte, reifende, kurz vor der Ernte befindliche Beeren und legt Eier hinein. Die Larven verpuppen sich in oder an der Beere, verletzten die Haut der reifen Beere, und der wertvolle Saft rinnt aus. Feuchtwarmes Wetter ist ideal für den Schädling, in trockenen Sommern ist die Gefahr geringer. Wichtig ist regelmäßiges Beobachten der Früchte, sollten Dolden mit verdächtigem Erntegut (eingedellte oder schon gänzlich saftlose Beeren) entdeckt werden, so müssen sie sofort abgeschnitten und entsorgt (nicht in den Kompost!) werden.

Welche Arbeitsschritte erwarten, grob umrissen, den Holunderplantagenbesitzer zu Beginn und im Jahreslauf?

Einmalig erfolgt bei Gründung der Plantage die Rodung, die Bodenvorbereitung sowie das Anpflanzen der passenden Sorte. Holunder ist recht anspruchslos, er benötigt sonnige oder halbschattige Lagen. Die sogenannten Stecklinge werden in einer Baumschule gezogen. Dafür wird ein Steckholz, ein 20–30 cm langes, gesundes, junges, komplett verholztes Holunder-Aststück in der Ruhezeit geschnitten. Das Aststück sollte mehrere Blattknoten aufweisen, aus welchen dann unterirdisch die Wurzeln wachsen. Die Steckhölzer werden direkt in einen vorbereiteten Acker gesteckt und bei Bedarf gewässert. Die Hölzer treiben aus und können innerhalb eines Jahres bis zu 2 Meter groß werden. Sie bekommen einen Stützstab, damit sie schön gerade wachsen, und die Seitentriebe werden im unteren Bereich entfernt, um eine Baumform zu erlangen. Diese ist bei Plantagen zu bevorzugen, sie erleichtert die Schnittarbeit und die Ernte sowie das Entfernen des Unkrauts.

Nach etwa 2 Jahren Erziehung in der Baumschule können die Jungpflanzen an ihrem Bestimmungsort eingepflanzt werden. Das Arbeitsjahr beginnt mit dem Winterschnitt, das braucht viel Erfahrung und Übung, denn der Holunder hat viele Zweige! Geschnitten wird entweder spät im Jahr nach der Ernte (Oktober) oder im auslaufenden Winter (Jänner/Februar). Die abgeschnittenen Äste werden entweder entsorgt oder liegengelassen und mit einem speziellen Gerät gehäckselt und verbleiben als Mulch am Boden. Dies ist zu empfehlen, wenn das Astwerk gesund ist. Etwa im Mai werden die Jungtriebe, die immer wieder am Stamm erscheinen, entfernt (enträubert), um die Baumform zu erhalten. Zu dieser Zeit erfolgt auch das Mähen des Unkrautes unter den Bäumen. Weitere Arbeitsschritte sind Pflanzenschutz und Düngung, hier gibt es genaue Richtlinien, was verwendet werden darf bzw. soll. Es folgt eventuell ein Sommerschnitt, etwa um störende Äste zu entfernen, und im September setzt die Ernte der Beeren ein.

Wie alt werden Holunderplantagen?
Die älteste in unserem Bereich bekannte Anlage ist mittlerweile über 40 Jahre alt und erzielt immer noch eine Ernte von 8000 kg auf 500 Bäumen!

Gibt es auch auf Blüten spezialisierte Betriebe?
Reine Blütenbetriebe gibt es eigentlich nur im Bio-Bereich, hier werden die Blüten zu Holunderblütensirup und Holunderblütentee verarbeitet. Im konventionellen Bereich werden Blüten nur als „Ausdünneffekt" geerntet, das Hauptziel ist immer die Beere.

Welche Aufgaben fallen für die Obleute der „Beerenobst Österreich" an?
Obmann Josef Hafner ist der gewählte Vertreter der Mitgliedsbetriebe. Mit seinem Funktionärsteam erarbeitet er strategische Ziele und Vorgaben. Für die Umsetzung dieser Ziele bin ich als Direktor und Geschäftsführer der „Beerenobst Österreich" zuständig.

Wie sieht die Zukunft des Holunderanbaues aus? Wird der Anbau steigen, gibt es konkrete Ziele, neue Produkte? Die Menschen denken ja zunehmend gesundheitsbewusst!
Die letzten 2 Jahre waren sehr vorteilhaft für den Holunder, denn gerade die Corona-Pandemie hat einen regelrechten Boom auf Holunderprodukte ausgelöst. Dieser Boom dürfte sich auch noch steigern, da man nun mehr Wert legt auf Vorbeugung und Gesundheit und dies auch mit natürlichen Mitteln erreichen möchte. Es gibt immer mehr Nahrungsergänzungsprodukte mit Holunder: Tropfen, Tabletten, Kapseln, Pulver, Saft etc ... Die Pharmazie entwickelt ständig neue Produkte, und auch das Interesse der Landwirte, Holunder anzubauen, ist steigend.

Wie sieht es mit der Verarbeitung aus, was macht der Plantagenbesitzer mit seiner Ernte, wo wird gelagert und verarbeitet, wie viel wird exportiert, was bleibt von der Ernte im Land?

In der Steiermark gibt es von der „Steirischen Beerenobstgenossenschaft“ 20 Übernahmestellen, wo die Ernte in eigens entwickelten Erntekisten auf Paletten abgeliefert werden kann. Die Erstverarbeitung der Ernte findet in der Steiermark in Lieboch und im Burgenland in Güssing statt. Das Tiefkühllager der „Beerenfrost Kühlhaus GmbH“ in Lieboch, das gemeinsam mit dem Hauptabnehmer 1994 errichtet wurde, umfasst 94.000 Kubikmeter Lagerraum, Platz für rund 10.000 Tonnen Beeren. Nach der Erstverarbeitung wird unser Holunder weltweit in über 40 Länder exportiert, nur 5 % des Ertrages verbleiben in Österreich. Der Holunder ist nach dem Apfel zu Österreichs zweitwichtigster Exportfrucht aufgestiegen!

Die Menschen sehnen sich immer mehr nach natürlichen Produkten. Zusatzstoffe, die nicht aus dem Chemielabor, sondern aus der Natur kommen, werden immer gefragter. Der Siegeszug des Holunders ist somit auch in der Zukunft gewährleistet, nicht nur in Form des wertvollen Farbstoffes, sondern vermehrt auch in den Bereichen Ernährung und Kosmetik. Hier bleibt nur noch eines: den Betrieben, die Holunder anbauen, tolle Erntejahre zu wünschen!

Foto © Beerenobst Österreich

HOLUNDER-
BLÜTEN
ERDBEER
LIKÖR
HOLUNDER
BLÜTEN
SIRUP
RINGLOTT
HOLUNDER
KETCHUP
ASIA
HAUS-
GEMACHT
mit
LIEBE
HOLLE
RÖSTER

Der wissenschaftliche Blick auf den Holunder: die Inhaltsstoffe

FORSCHUNGEN UND STUDIEN

Pflanzliche Heilkunst und Volksheilkunde stehen immer im Fokus von Skeptikern. Zahlreiche uns bekannte Anwendungen und Wirkungen beruhen auf sehr alten Überlieferungen, die bei vielen Pflanzen noch nicht eingehend genug erforscht und belegt wurden, und wir leben in einer Zeit, in der viele Menschen nur mehr das glauben, was ihnen die Wissenschaft als bewiesen vorlegt. Nicht so beim Holunder. Hier gibt es zahlreiche In-vitro- und In-vivo-Studien welche die meisten der überlieferten Wirkungen der Pflanzenteile des Schwarzen Holunders wissenschaftlich untermauern.

In vitro ist lateinisch und bedeutet „Im Glas", es bezeichnet Abläufe, die in künstlicher Umgebung außerhalb lebender Organismen stattfinden. *In vivo* bedeutet „im Lebendigen", bezeichnet also Prozesse, die im lebenden Organismus ablaufen. Banal ausgedrückt, wurden über den Holunder sowohl Laborversuche im Reagenzglas als auch an lebenden Menschen oder Tieren durchgeführt.

Nachgewiesene Wirkungen

Wissenschaftlich nachgewiesen wurden unter anderem eine antivirale Wirkung gegen Influenzavieren, antibakterielle, antioxidative (Schutz gegen freie Radikale) und antiinflammatorische (entzündungshemmend) Wirkungen, des Weiteren erwies sich der Holunder als harntreibend und somit unterstützend bei Harnwegsinfekten sowie immunstimulierend. Auch die Anwendung als sekretlösendes Mittel bei Bronchialinfekten oder Nebenhöhlenentzündungen wurde bestätigt, sekretlösende Medikamente enthalten oft Holunderblütenauszüge. Recht aktuelle Studien an zahlreichen Patienten mit beginnenden Grippesymptomen zeigen die Wirkung von Holunderbeerenextrakt, wenn dieser möglichst schnell nach Auftauchen der Symptome eingenommen wird (innerhalb von 48 Stunden). Auch in der Tierheilkunde wird bei Atemwegserkrankungen die Kraft des Holunders genutzt.

Die Wissenschaft bestätigte auch eine abführende Wirkung bei Verstopfungen, eine wundheilende Wirkung von Auszügen aus Holunderblättern, und eine US-Studie verweist auf eine krebshemmende Auswirkung über die im Holunder enthaltenen Antioxidantien. Ausgiebig geforscht wird zudem im Bereich Herz- und Gefäßkrankheiten sowie Diabetes, der Holunder bietet also fortwährend Stoff für die Forschung und wird der Medizin in Zukunft sicher noch viele positive Aspekte eröffnen. Weiterführende Artikel und veröffentlichte wissenschaftliche Studien finden sich zahlreich im Internet (siehe Quellenangaben S. 182).

Verursacht werden diese vielen wunderbaren Eigenschaften des geschätzten Strauches durch die in den Pflanzenteilen enthaltenen Inhaltsstoffe. Diese sollen nun etwas genauer betrachtet werden, im Besonderen die sekundären Pflanzenstoffe, Vitamine, Mineralien/Spurenelemente und Aminosäuren.

INHALTSSTOFFE HOLUNDERBLÜTEN

Flavonoide
ätherische Öhle
Schleimstoffe
Gerbstoffe
Triterpene
sehr geringe Spuren Sambunigrin

WIRKUNGEN

schweißtreibend
fiebersenkend
schleimlösend
harntreibend

Sekundäre Pflanzenstoffe
DES HOLUNDERS

Eine der wichtigsten Gruppen der Inhaltsstoffe sind wohl die Polyphenole, das sind chemische Verbindungen aus der Stoffgruppe der Phenole. Im Holunder bzw. allgemein in Pflanzen kommen natürliche Polyphenole als sogenannte sekundäre Pflanzenstoffe vor. Bei pflanzlichen Inhaltsstoffen unterscheidet man zwischen primären Inhaltsstoffen – das sind Eiweiße (Proteine), Fette und Kohlenhydrate, diese Stoffe sind für die Pflanze lebenswichtig – und den sekundären pflanzlichen Inhaltsstoffen. Letztere sind ein Produkt des Primärstoffwechsels und für die Pflanze nicht lebensnotwendig, aber sie übernehmen in der Pflanze sehr wichtige Aufgaben:

- Schutz vor Fraßfeinden oder Pilzinfektionen (giftige Inhaltsstoffe)
- Anlockung von Bestäubern durch Duft (ätherische Öle) oder Farbe (Flavonoide)
- Botenstoffe (Phytohormone) zur Einleitung des Wachstums, Auslösen von Blattfall oder Knospenaustrieb etc.
- Farbstoffe, um die Farbe von Blättern, Blüten, Früchten zu ändern

Zu den sekundären Pflanzenstoffen gehören also Flavonoide, ätherische Öle, Gerbstoffe, Schleimstoffe, Glykoside und Triterpene. Viele dieser sekundären Inhaltsstoffe, die der Holunder in reichlichem Ausmaß besitzt, werden im medizinischen Bereich für Heilzwecke eingesetzt, da sie für den Menschen sehr wertvoll sind.

Flavonoide

Flavonoide sind eine große, sehr verschiedenartige Gruppe von Naturstoffen, es sind chemisch gesehen Verbindungen aus zwei „aromatischen Ringen“, die wiederum durch eine „Brücke“ verbunden sind. In der Natur gibt es rund 8000 solcher Verbindungen. Flavonoide sind wasser- und teilweise fettlöslich, sie werden in der Vakuole (Zellorganelle) einer pflanzlichen Zelle gespeichert. Sie kommen in allen Pflanzenteilen vor, am meisten in Blüten, Früchten und Blättern, am wenigsten in der Wurzel, und sie finden sich in besonders hoher

Konzentration in den Randschichten der Pflanzenteile. Verantwortlich sind diese Stoffe allerdings nicht für Geruch oder Geschmack, denn beides haben sie nicht, sondern für die Färbung. Flavonoide sind in der menschlichen Ernährung von großer Bedeutung, sie haben zahlreiche heilende Eigenschaften: Sie sind antioxidativ, entzündungshemmend, herzstärkend, harntreibend, krampflösend und vieles mehr. Einige wichtige im Holunder vorkommende Flavonoide sind Anthocyane, Rutin, Isoquercitrin, Quercetin, Kaempferol.

Anthocyane (Sambucin, Sambucyanin und Chrysanthemin)

Die wunderschöne schwarz-violette Färbung der reifen Holunderbeeren ist im Spätsommer ein echter Hingucker in der Landschaft, als wollten uns die Dolden einladen, sie zu pflücken und die Heilkraft der Beeren für uns zu nutzen. Verantwortlich für die intensive Farbe sind Anthocyane (Sambucin, Sambucyanin und Chrysanthemin), sie kommen in beachtlicher Menge hauptsächlich in den reifen Holunderbeeren vor und sind wasserlösliche Farbstoffe mit vielen wertvollen Eigenschaften. Pro 100 g Frucht können 200 bis 1000 mg Anthocyane enthalten sein.

Der Stoff bindet im Körper freie Radikale, schützt unsere DNA und verhindert so die zerstörerische „Vernichtung“ von Fettstoffen, Eiweiß und Nukleinsäuren. In der Fachsprache heißt dieser Vorgang Oxidation, deshalb bezeichnet man Stoffe, die diesen Vorgang verhindern, als Antioxidantien. Anthocyane gehören zu den wirksamsten Antioxidantien, die bekannt sind!

Der Stoff ist auch gut für die Sehkraft, er verkürzt die Zeit, die unser Auge benötigt, um sich an veränderte Helligkeiten anzupassen. Außerdem wirkt er entzündungshemmend, bekämpft Viren, Pilze und Bakterien in unserem Körper und ist gut für Kreislauf und Gefäße.

Aus den Holunderbeeren werden industriell große Mengen Anthocyane-Extrakt gewonnen, das in der Medizin, Kosmetik und Lebensmittelindustrie verwertet wird. In der EU sind Anthocyane als Lebensmittelzusatzstoff (E-Nummer E 163) ohne Höchstmengenbeschränkung zugelassen!

Rutin

Rutin wird als Farbstoff zum Schutz gegen UV-Strahlung von vielen Pflanzen gebildet, Holunder gehört zu den Pflanzen mit dem höchsten Rutingehalt. Medizinisch verwendet wird Rutin bei Erkrankungen der Blutgefäße, bei Venenleiden und Erkrankungen des Darmes, zudem wirkt es antibiotisch. Es gehört wie die Anthocyane zu den Antioxidantien!

Quercetin und Isoquercitrin

Quercetin ist ein Flavonoid, ein gelblicher Naturfarbstoff mit hoher antiallergischer und antioxidativer Wirksamkeit. Auch bei Erkältungskrankheiten kann sich das Flavonoid eindämmend auf die Symptome auswirken. Laut neueren Studien ist der Stoff hitzestabil, er geht beim Kochen in die Flüssigkeit über, wird aber nicht zerstört. Sein Nachteil ist eine eher schlechte Bioverfügbarkeit, das heißt, er kann nicht besonders gut von unserem Körper aufgenommen und verwertet werden, da er nicht wasserlöslich ist. In der Nahrungsergänzungsmittelbranche findet sich dieses wertvolle Flavonoid in Kapselform, hier passt dann auch die modifizierte Bioverfügbarkeit. Isoquercitrin ist das 3-O-Glucosid von Quercetin und in der Wirksamkeit ähnlich wie dieses, es wird ebenfalls zu einem Nahrungsergänzungsmittel in Kapselform verarbeitet, das besonders bei allergischen Krankheiten helfen kann.

Kaempferol

Dieses Flavonoid ist ein Phytoöstrogen, die Pflanze nutzt diesen sekundären Pflanzenstoff zur Abwehr von Fraßfeinden. Den Menschen kann dieser Stoff vor Osteoporose und Herz-Kreislauf-Erkrankungen schützen, es gibt allerdings auch Forschungsergebnisse, die über mögliche kanzerogene (krebserregende) Wirkungen berichten, hier ist noch Forschungsarbeit nötig. Kaempferol kommt in Holunderblüten vor, allerdings müsste man schon Unmengen davon zu sich nehmen, um über diesen Effekt nachdenken zu müssen!

Ätherische Öle

Ätherische Öle beinhaltet die Pflanze, um sich vor Fraßfeinden oder Pilzbefall zu schützen, in den Blüten dienen sie als Lockstoff für die Bestäuber, was eine sehr wichtige Funktion darstellt. Sie gehören zur Stoffgruppe der Terpene, das sind flüchtige organische Substanzen, die bereits im Altertum aus Pflanzen wie Pfefferminze, Lemongras oder Eukalyptus gewonnen wurden.

Der Holunder enthält ätherische Öle in jedem Pflanzenteil, am meisten in den Blüten. Die Konzentration der Öle ist bei sonnigem Wetter und nach einigen Sonnentagen am höchsten, weshalb auch die Ernte der Blüten auf solche Tage verlegt werden sollte. Durch Wasserdampf-Destillation kann das ätherische Öl aus dem Pflanzenteil extrahiert werden, so wird auch das Öl der Holunderblüten gewonnen. Dieses Duftöl ist jedoch sehr teuer, da der Gehalt an ätherischem Öl beim Holunder wesentlich geringer ist als z. B. bei Lavendel oder Thymian. Der Duft ist blumig frisch und honigartig, sehr zart.

Die Wirkung von ätherischen Ölen ist sehr unterschiedlich und vielfältig, die Aromatherapie eine eigene Wissenschaft. Es ist jedoch inzwischen erwiesen, welch große Auswirkung Düfte auf uns haben können. Duftmoleküle werden aus der Luft aufgenommen, gelangen über unsere Nase (Schleimhaut) in das limbische System unseres Gehirnes und werden dort „verarbeitet" (siehe auch „Räuchern mit Holunder", S. 21 und 22). So können die Düfte von ätherischen Ölen beruhigen, aufmuntern, anregen, wärmen, antibakteriell wirken, die Atmung befreien, den Appetit anregen und vieles mehr. Holunderblüten vermitteln durch ihren zarten Honigduft ein Gefühl von Frühling, Leichtigkeit und Neubeginn, die zwischen den Fingern zerriebenen Blätter riechen eher herb, fast ein wenig unangenehm, die Beeren haben im Geruch auch eine herbe, aber sehr fruchtige, intensive Note.

Gerbstoffe

Gerbstoffe sind phenolische Verbindungen, die mit Eiweißen unlösliche Komplexe bilden können. Wird eine Wunde mit einem gerbstoffhaltigen Pflanzenteil bedeckt, so bildet der Gerbstoff mit dem Eiweiß der Haut eine Schutzschicht, unter der die Haut heilen kann. Gerbstoffe finden sich beim Holunder vor allem in den Blättern und der Rinde, diese können also auch zur Wundheilung (z. B. Verbrennungen) verwendet werden. Sie sind verantwortlich für den herben Geschmack der Blätter, aber auch der Beeren, und wirken adstringierend (zusammenziehend) auf die Schleimhäute.

Schleimstoffe

Schleimstoffe bestehen aus sehr großen Molekülen, es sind pflanzliche Polysaccharide, also eine Verbindung von mehreren bzw. vielen Zuckermolekülen, und zählen eigentlich zu den Kohlenhydraten. Sie quellen in Wasser auf, sind zähflüssig und dienen der Pflanze als Reservestoffe, als Wasserspeicher und schützen die pflanzlichen Zellwände. Schleimstoffe wirken beim Menschen reizmildernd, sie hüllen die Schleimhäute ein, bilden eine Art Schutzfilm und beruhigen so entzündete Stellen. Sie wirken dabei rein punktuell und werden vom Körper nicht aufgenommen. besonders hilfreich sind diese Stoffe bei Atemwegserkrankungen, festsitzendem Husten oder Magen-Darm-Beschwerden. Beim Holunder finden sich Schleimstoffe in den Blüten, diese helfen daher gut bei Heiserkeit, Husten, Halsweh. Holunderblütentee oder Dunst lösen zähen Schleim und erleichtern den Auswurf.

Triterpene

Triterpene sind eine sehr umfangreiche Gruppe von Naturstoffen, die im Pflanzen- wie auch im Tierreich vorkommen. Es sind organische Verbindungen, die man in Pflanzenextrakten, Harzen, Balsamen oder Saponinen findet. Triterpene finden sich beim Holunder in den Blüten, den Blättern, der Rinde und den Wurzeln (Urolsäure, Betulin, Oleanolsäure, Alpha-Amyrin, Beta-Amyrin ...). So umfangreich wie die Gruppe, so ist auch die Wirkung der Triterpene. Positiv wirken können sie bei Entzündungen, Allergien, viralen Infekten, Krebserkrankungen, Bluthochdruck und vielem mehr.

Glykoside

Glykoside sind organische Verbindungen, bei denen ein Alkohol mit einem Zucker verbunden ist, also eine Verbindung von zumindest zwei Molekülen, wobei eines immer ein Zuckermolekül (Kohlenhydrat, z. B. Traubenzucker = Glukose) ist. Die Bezeichnung Glykosid bzw. glykosidische Verbindung verweist auf das Vorhandensein eines Zuckermoleküls. Zu den Glykosiden gehören z. B. die Senfölglykoside, Saponine, Cumarine, Flavonoid-Glykoside, Herz-Glykoside oder Blausäure-Glykoside. Sie dienen der Pflanze als Zuckerspeicher, Transportmittel, Schutzeinrichtung gegen Fraßfeinde oder Farbgeber. Pflanzliche Giftstoffe fallen meist in die Gruppe der Glykoside. Im Zusammenhang mit dem Holunder ist es wichtig, vor allem ein Glykosid zu kennen: das Sambunigrin.

Sambunigrin

Sambunigrin gehört zu den Blausäure-Glykosiden, diese bestehen aus einem Glykosid, das zusätzlich eine Nitril-Gruppe trägt. Diese „Nitril-Gruppe“ wird auch als „Cyano-Gruppe“ bezeichnet, daher heißen Blausäure-Glykoside auch Cyanogene Glykoside. Dieses im Holunder vorkommende Sambunigrin ist in der Pflanze vorerst harmlos. Wird die Pflanze jedoch verletzt (z. B. beim Zerkauen der Beeren, kauen auf Rinde oder durch Einwirkung der Magensäure auf verzehrte Pflanzenteile), so spaltet sich die glykosidische Bindung und gibt die giftige Blausäure frei.

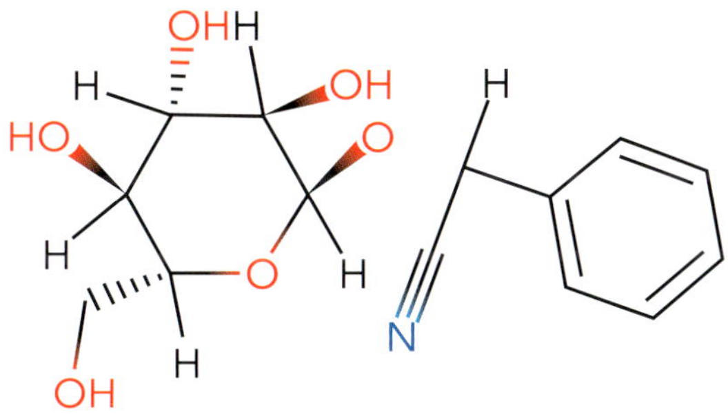

Chemische Formel: $C_{14}H_{17}NO_6$

(Quelle: https://www.internetchemie.info/stoffdaten/index.php?Da(i=-Sambunigrin)

Sambunigrin ist vor allem enthalten in den Blättern, den grünen Stielen, den unreifen Früchten, den Samen der reifen Früchte und der Rinde. Der Blausäuregehalt ist recht gering, dennoch können roh konsumierte Pflanzenteile des Holunders Vergiftungssymptome wie Übelkeit, Bauchkrämpfe, Durchfall und Erbrechen hervorrufen.

Blausäure ist jedoch hitzeempfindlich, bei Hitzeeinwirkung verflüchtigt sich das Glykosid vollständig. Erhitzt man also betroffene Pflanzenteile für mehrere Minuten auf über 80 °C, so ist die giftige Wirkung zunichte gemacht (manche Quellen raten dazu, die Beeren über 20 Minuten zu kochen, das ist NICHT notwendig!) Grüne Beeren enthalten besonders viel Sambunigrin, werden sie reif, so zieht sich ein Großteil des Glykosids in die Stiele, ein Teil aber auch in die Samen zurück, also können auch reife Beeren noch etwas von dem Gift enthalten. Holunderbeerensaft sollte unbedingt durch Hitzeeinwirkung (z. B. Dampfentsafter, Kochtopf) und nicht durch rohes Auspressen gewonnen werden, Tee aus Blättern, Rinde oder auch gedörrten Beeren muss durch Abkochung (siehe Kapitel „Tee“) zubereitet werden. Auch zum Ansetzen von Beerenschnaps oder Likör sollten zuvor erhitzte Beeren verwendet werden. Die Blüten kann man bedenkenlos konsumieren.

Anmerkung: Die Verträglichkeit gegenüber Sambunigrin ist von Mensch zu Mensch verschieden, manche zeigen kaum Reaktionen, andere haben heftige Symptome. Es gibt auch Menschen, die Holunder überhaupt nicht vertragen, das muss jeder persönlich austesten!

Mein Selbstversuch: Um die Auswirkungen am eigenen Körper zu testen, habe ich mir einen Holunderbeeren-Buttermilch-Shake zubereitet und habe am ersten Tag 2 EL rohe, reife Holunderbeeren zugefügt. Die abführende Wirkung war eindeutig, begleitet von einem leichten Zwicken im Bauch. Den gleichen Shake habe ich am zweiten Tag mit zuvor in etwas Wasser erhitzten Beeren zubereitet und hatte keine negativen Nachwirkungen! Bitte nicht nachmachen, nur lesen!

VITAMINE IM HOLUNDER

Holunder ist reich an Vitaminen, wobei hier in erster Linie die reifen Holunderbeeren für uns von Bedeutung sind. Die Beeren liefern uns Vitamin A, Vitamin C und Vitamine der B-Gruppe in beachtlicher Menge.

Vitamin A

Vitamin A gehört zu den fettlöslichen Vitaminen, die in den Pflanzen vorkommenden Vorstufen des Vitamin A nennt man Carotinoide, beim Holunder ist es das Beta-Carotin. Dieses wird im Körper in Vitamin A umgewandelt. Vitamin A erfüllt viele wichtige Aufgaben im Körper. Es hilft beim Aufbau von neuen roten Blutkörperchen, wirkt beim Fettstoffwechsel in der Leber mit, ist entscheidend für ein gesundes Hautbild und intakte Schleimhäute und ist enorm wichtig für unsere Sehkraft. Bei der Umwandlung von Licht in Nervenimpulse im Auge ist Vitamin A unverzichtbar. Auch für unser Immunsystem ist das Vitamin von großer Bedeutung, es macht uns widerstandsfähig gegenüber Infekten, indem es einen „Schutzschild“ gegenüber Viren, Bakterien und Parasiten aufbaut (Haut, Schleimhaut) und die Produktion von Antikörpern fördert. Zudem ist Vitamin A beteiligt am Aufbau der Knochen, unterstützt das Wachstum und nährt unsere Nervenzellen. Zu guter Letzt ist Vitamin A enorm wichtig für unsere Fortpflanzung, es fördert die ausreichende Produktion von Spermien beim Mann und erhöht die Fruchtbarkeit bei Frauen. Bei Symptomen wie trockener juckender Haut, trockenen Augen und schlechter Nachtsicht, Ermüdungserscheinungen, bei oftmaligen Infektionskrankheiten, Fruchtbarkeitsstörungen, schlechtem Geruchssinn oder Appetit kann es hilfreich sein, über einen längeren Zeitraum an Vitamin A reiche Lebensmittel wie Holundersaft zu konsumieren.

Vitamin C

Vitamin C, Ascorbinsäure, kann nicht in unserem Körper hergestellt oder gespeichert werden, es ist also enorm wichtig, auf eine regelmäßige und ausreichende Zufuhr des Vitamins zu achten. Eine herausragende Bedeutung hat Vitamin C für unser Immunsystem. Es aktiviert unsere „Killerzellen", fördert die Bildung von Abwehrzellen, und es hemmt die Vermehrung diverser Influenzaviren. Des Weiteren besitzt es antioxidative Eigenschaften (gegen freie Radikale), ist beim Abbau von Cholesterin beteiligt, unterstützt die Leber bei der Entgiftung unseres Körpers, sorgt für ein starkes und elastisches Bindegewebe (Kollagenproduktion) und beeinflusst die Produktion des Schilddrüsenhormons. Auch für den Zustand unserer Blutgefäße ist Vitamin C mitverantwortlich, sind diese gut „gepflegt", so ist das Entstehen von Gefäßverengungen oder Arteriosklerose viel geringer. In 100 g Holunderbeeren stecken etwa 18 mg Vitamin C, zum Vergleich hat ein frisch geernteter Kopfsalat etwa 15 mg Vitamin C pro 100 g, liegt er einige Zeit im Geschäft, so ist das natürlich erheblich weniger. Natürlich geht auch etwas von dem Vitamin beim Holunder verloren, da man die Beeren ja erhitzen muss, aber der Gehalt ist dennoch sehr gut.

Vitamin B-Gruppe

Zur Gruppe der B-Vitamine gehören acht wasserlösliche Vitamine, von denen sechs in den Holunderbeeren in nennenswerten Mengen vorkommen. Die B-Vitamine treten nicht isoliert auf, sondern „arbeiten" zusammen, wobei jedoch jedes seine speziellen Aufgaben hat. Sie werden vom Körper nur gering gespeichert, umso wichtiger ist die regelmäßige Zufuhr von B-Vitaminen!

Vitamin B1 (Thiamin)

Dieses Vitamin ist ein lebenswichtiges Co-Enzym für die Energieproduktion, des Weiteren befindet es sich in den Zellwänden der Nervenstränge und nimmt an der Weiterleitung von Nervenimpulsen ans Gehirn teil, ist also wichtig für die Gesundheit unserer Nerven. Ein Mangel wirkt sich negativ auf Gehirn und Psyche, Haut, Herz-Kreislauf, Immunsystem und Muskulatur aus. Holunderbeeren gehören mit ihrem hohen Gehalt an Thiamin zu den besonders guten Lieferanten dieses Vitamins!

Vitamin B2 (Riboflavin)

Es gehört zu den Co-Enzymen und spielt eine wichtige Rolle beim Proteinstoffwechsel, Fettsäuren- und Kohlenhydratstoffwechsel in den

INHALTSSTOFFE HOLUNDERBEEREN

Vitamine A, B-Gruppe, C
Sambunigrin
(besonders in unreifen Beeren)
Mineralstoffe
Spurenelemente

WIRKUNGEN

immunstärkend
Abwehr freier Radikaler
entzündungshemmend
antibakteriell
herzstärkend
verdauungsfördernd

Zellen. Es ist unverzichtbar für die Energieproduktion und für die Umwandlung dieser Energie in Muskelkraft. So führen sportliche Aktivitäten zu einer vorzeitigen Ermüdung, wenn dieses Vitamin fehlt. Außerdem ist Riboflavin notwendig für das Wachstum und den Unterhalt der Gewebe. Besonders schwangere Frauen müssen auf dieses Vitamin achtgeben, da es sonst Wachstumsstörungen beim Fötus geben kann.

Vitamin B3 (Niacin)

Niacin wird über Lebensmittel aufgenommen, wird aber auch selbst vom Körper gebildet, und zwar in der Leber mithilfe der Aminosäure Tryptophan. Seine chemische Struktur ist sehr einfach, es gelangt recht rasch aus der Nahrung in unsere Körperzellen. Sehr bedeutend ist Niacin für den Zellstoffwechsel, es ist verantwortlich für die Funktion von über 200 Enzymen, Zellatmung und Energieproduktion hängen davon ab. Es ist ein unerlässliches Vitamin für die Genvermehrung und -erneuerung sowie für die Intaktheit von Haut und Muskeln sowie die Funktion von Nerven- und Verdauungssystem. Niacin bewirkt im Cholesterinstoffwechsel eine Erhöhung des „guten Cholesterins" HDL und senkt das LDL-Cholesterin. Weiters ist es antioxidativ und entzündungshemmend. Holunderbeeren haben einen hohen Gehalt an Niacin und gehören somit zu den Top-Lieferanten des Vitamins.

Vitamin B5 (Pantothensäure)

Pantothensäure spielt eine zentrale Rolle beim Energiestoffwechsel in unseren Zellen. Sie ist an zahlreichen Reaktionen beteiligt, die den Abbau von Fetten und Kohlenhydraten beeinflussen. Dieses Vitamin hilft uns also bei der Fettverbrennung und ist beteiligt an der körpereigenen Bildung von Geschlechtshormonen und Vitamin D, hemmt Entzündungen, fördert das Haarwachstum und unterstützt den Aufbau von Gewebe. Mangelerscheinungen sind heute leider recht häufig, sie äußern sich durch ausgeblichene Haarfarbe, Depressionen, Kopfschmerzen und Müdigkeit, Schlafstörungen und Muskelschmerzen. Wer überzuckerten Saft aus dem Geschäft öfter durch naturbelassenen Holundersaft ersetzt, kann hier einem Mangel vorbeugen.

Vitamin B6 (Pyridoxin)

Das Vitamin wird aus der Nahrung aufgenommen und nur spärlich im Körper gespeichert, eine regelmäßige Zufuhr ist also auch hier wichtig. Es ist wesentlich für die Bildung von Hämoglobin (ein Protein der roten Blutkörperchen), spielt eine wichtige Rolle beim Fettstoffwechsel und beim Stoffwechsel der Aminosäuren, zudem ist es unerlässlich für die körpereigene Bildung von Niacin (Vitamin B3, siehe weiter vorne) mithilfe von Tryptophan. Neben Holunderbeeren enthalten auch Nüsse oder Fisch viel Pyridoxin.

Vitamin B7 (Biotin)

Biotin nehmen wir größtenteils über die Nahrung auf, eine kleine Menge wird aber auch von Bakterien im Darm „hergestellt", dafür ist allerdings eine gesunde Darmflora Voraussetzung. Leider ist Letztere bei der heutigen Falschernährung die Ausnahme, Fertiggerichte, Alkohol, Süßgetränke schädigen die Darmflora, und so kann es schnell zu einem Biotinmangel kommen. Biotin hat große Bedeutung für den Blutzuckerspiegel, da es bei der Umwandlung von Aminosäuren zu Glukose beteiligt ist. Diese Synthese von Glukose ist notwendig, um für einen konstanten Blutzuckerspiegel zu sorgen. Glukose ist Nahrung für Gehirn und Nervenzellen und somit auch verantwortlich für unser seelisches Befinden. Biotin beeinflusst die Aktivität von diversen genetischen Informationen, zudem sind wichtige Schritte beim Auf- und Abbau von Fettsäuren von biotinhaltigen Enzymen abhängig. Störungen unseres Biotinhaushalts äußern sich durch dünnes, ausfallendes Haar, schuppige gereizte Haut, depressive Stimmung, Bindehautentzündung, Muskelschmerzen. Holundersaft kann hier unterstützen, gut für die Darmflora sind zudem ballaststoffreiche und/oder fermentierte Lebensmittel wie etwa Heidelbeeren oder Sauerkraut. Ein Biotinmangel lässt sich über den Urin feststellen, die Blutwerte sind hier nicht aussagekräftig.

MINERALIEN UND SPURENELEMENTE

An Mineralstoffe in nennenswerter Menge finden wir im Holunder Kalium, Kalzium, Magnesium und Phosphor. Aus dem Bereich Spurenelemente enthält Holunder beachtliche Mengen an Eisen und Zink. Auch diese Inhaltsstoffe sind wie die Vitamine hauptsächlich in den reifen Holunderbeeren enthalten.

Kalium

Kalium ist einer der wichtigsten Mineralstoffe im Körper mit einem Anteil von 5 % am gesamten Mineralstoffgehalt in einem Menschen. 98 % des Kaliums befinden sich im Zellinneren. Der Mineralstoff regelt unseren Wasserhaushalt, das Gleichgewicht von Säuren und Basen, das Weiterleiten von Nervenreizen, die Muskelkontraktion sowie die elektrische Spannung an der Zellmembran. Ist unser Kaliumhaushalt gestört, kommt es zu Müdigkeit, Schwindel, Muskelschwäche und gestörter Herztätigkeit. Holunderbeeren enthalten 305 mg Kalium pro 100 g Beeren, dieser Gehalt ist sehr hoch!

Kalzium

Das Mineral Kalzium ist essentiell für das Knochengerüst, ohne Kalzium gäbe es keine Lebewesen, deren Körper auf Knochen aufbaut, also keine Wirbeltiere und Menschen. Das Skelett eines Erwachsenen enthält ca. 1 kg Kalzium, nur 1 % des gesamten Kalziumgehalts unseres Körpers liegt außerhalb der Knochen. Bei Knochensubstanzverlusten „wandert" das Kalzium in kleinen Mengen langsam auch in die Körperzellen hinein und steigert somit den Kalziumgehalt in den Zellen. Bei der Alzheimer- oder Parkinsonkrankheit wurde dies beobachtet. Ohne Unterlass tauschen unsere Knochen verbrauchtes Kalzium gegen neues aus, tragende Knochen wie z. B. der Oberschenkelknochen haben einen besonders hohen Kalziumbedarf, auch für unsere Zähne ist der Mineralstoff wichtig. Zudem ist Kalzium ein wichtiger Faktor bei der Blutgerinnung und ist an der Regulation der Reizleitung zwischen unseren Nervenzellen beteiligt. Holunderbeeren enthalten 35 mg pro 100 g Beeren.

Magnesium

Magnesium ist als Zusatzfaktor für Hunderte von Enzymreaktionen im Körper unerlässlich. 60 % unseres gesamten Magnesiums befinden sich in den Knochen, weitere 30 % in Bindegewebe, Leber und Muskulatur. Magnesium tritt dort auf, wo auch Kalzium zu finden ist, es schützt die Zellen davor, zu viel Kalzium einzulagern (siehe oben, „Kalzium"). Magnesium ist beteiligt an der Regulierung von Entzündungsmolekülen, an der Regulation der Herzfunktion, an der Freisetzung und Weiterleitung von Hormonen sowie am Aufbau von Knochen und Zähnen. Es reguliert das Elektropotential unserer Nervenzellen und ist somit wichtig für die Stressabwehr. Außerdem ist es beteiligt an der Glukoseverwertung in den Zellen und trägt als Puffer zur Regulierung des Säure-Basen-Haushalts bei. Magnesium sorgt fur die Entspannung und Entkrampfung der Muskeln und kann hilfreich bei Kopfschmerzen sein.

INHALTSSTOFFE HOLUNDERBLÄTTER

Flavonoide
Vitamine
ätherische Öle
Triterpene
Gerbstoffe
Harz
Sambunigrin

WIRKUNGEN

zusammenziehend
blutstillend
verdauungsfördernd
entzündungshemmend
harntreibend
gut bei rheumatischen Beschwerden

Ein Mangel äußert sich durch Muskelkrämpfe und Zittern, Stress und oftmalige Entzündungen, Durchblutungsstörungen und infolgedessen Arteriosklerose, schlechtes Immunsystem oder Herzrhythmusstörungen. Der Magnesiumgehalt in Holunderbeeren beträgt ca. 30 mg pro 100 g Beeren.

Phosphor

Phosphor sorgt gemeinsam mit Kalzium für die Festigkeit von Knochen und Zähnen, etwa 90 % unseres Phosphors lagern in den Knochen. Es spielt eine wichtige Rolle bei der Energiegewinnung im Körper und somit bei jeder unserer Bewegungen und ist beim Aufbau der Zellwände beteiligt. Phosphor ist in zahlreichen Nahrungsmitteln enthalten, bei gesunder Ernährung gibt es kaum Mangelerscheinungen. Gründe für Phosphormangel sind defekte Körperfunktionen (z. B. der Nieren), in schlimmen Fällen führt dies zu Knochenerweichungen. In 100 g Beeren befinden sich 57 mg Phosphor.

Eisen

100 g Holunderbeeren enthalten 1,6 mg Eisen, das ist recht viel. Wir benötigen dieses wichtige Spurenelement für die Bildung von Hämoglobin, dem Blutfarbstoff. Somit ist es maßgeblich am Sauerstofftransport und der Sauerstoffspeicherung im Blut beteiligt. Ist zu wenig Eisen vorhanden, können nicht genügend neue rote Blutkörperchen gebildet werden. Das Resultat sind Blutarmut und Sauerstoffmangel in den Zellen. Frauen benötigen in der Lebensphase, wo sie ihre Menstruation bekommen, aber auch während einer Schwangerschaft besonders viel Eisen, hier kommt es oft zu Mangelerscheinungen. Diese äußern sich in Blutarmut, Blässe, brüchigen Haaren, Mattigkeit, Kopfschmerzen, verstärktem Kälteempfinden und vermehrten Entzündungen. Bei starkem Eisenmangel in der Schwangerschaft kann dies schädlich für den Fötus sein und zu Frühgeburten führen. Hier gibt es sehr gute Nahrungsergänzungsmittel, diese könnten dann mit einem Glas Holundersaft täglich eingenommen werden, denn eine kombinierte Aufnahme mit Vitamin C verbessert die Eisenaufnahme im Körper!

Zink

Zink ist ein Multitalent und im Körper an unzähligen Stoffwechselprozessen beteiligt. Es ist ein wichtiges Antioxidans und reduziert die Produktion von entzündungsfördernden Molekülen. Das Spurenelement ist bedeutend für den Hormonstoffwechsel, Zellschutz, unsere Genetik und trägt zur Regulierung des arteriellen Blutdrucks bei. Zu wenig Zink verursacht Haarausfall, Unfruchtbarkeit, schlechtes Hautbild, häufige Infekte, Erkrankungen der Leber. In 100 g Holunderbeeren sind 0,21 mg Zink enthalten.

AMINOSÄUREN

Aminosäuren sind organische Verbindungen, sie sind die Grundbausteine aller Proteine (Eiweiße), kommen in jeder Körperzelle vor und werden oft auch als „Bausteine des Lebens“ bezeichnet. Sie sind verantwortlich für den Aufbau und den Erhalt all unserer Körperfunktionen, sind Strukturgeber für Muskulatur und Haut, unerlässlich für ein intaktes Immunsystem, steuern die Bildung von Hormonen und Enzymen, kommen in unserer DNA vor, regulieren das Herz-Kreislauf-System und haben noch viele weitere lebenswichtige Aufgaben. Die im menschlichen Körper vorkommenden Aminosäuren werden in zwei Gruppen geteilt: jene, die der Körper bei intaktem Stoffwechsel selbst herstellen kann, und jene, die unbedingt mit der Nahrung aufgenommen werden müssen, da unser Körper sie nicht selbst bilden kann. Letztere werden als „essentielle Aminosäuren“ bezeichnet. Holunderbeeren sind reich an Aminosäuren, besonders auch an den essentiellen, deshalb gelten sie auch bei Ernährungswissenschaftlern schon seit Jahrzehnten als sehr gesundes Nahrungsmittel. Nennenswerte in den Beeren vorkommende essentielle Aminosäuren sind:

- Phenylalanin
- Tyrosin
- Tryptophan
- Lysin
- Valin
- Leucin

Untersuchungen haben gezeigt, dass es absolut lohnenswert ist, Holunderbeerensaft selbst herzustellen. Im käuflichen Muttersaft wurde ein Aminosäuregehalt von etwa 5 g pro Liter gemessen, beim hausgemachten Saft waren es bis zu über 8 g! Der gesamte Anteil von essentiellen Aminosäuren bezogen auf diese Menge lag oft bei fast 50 %. (siehe Literaturverzeichnis S. 182: Pfannhauser/ Peters, Das Wunder vom Holunder)

Werden dem Körper Aminosäuren in unzureichender Menge oder gar nicht zugeführt, so sind unzählige Körperfunktionen, die von ihnen abhängen, davon betroffen und funktionieren mangelhaft oder gar nicht mehr. Holundersaft alleine wird keine bestehenden Mängel beheben, aber regelmäßiger Konsum kann zumindest präventiv sehr wirksam sein.

HOLLER BLÜTEN OXYMEL
HOLLER BLÜTEN ESSIG
HOLLER BLÜTEN TINKTUR
HOLUNDERBLÜTEN
MANDELÖL
MAI 2022

Holunder in der Volksheilkunde

ÜBERLIEFERTES HEILWISSEN & HEILPRAKTIKEN

Aus den Aufzeichnungen und Überlieferungen griechischer und römischer Geschichtsschreiber, Philosophen und Feldherren wissen wir, dass bereits die Kelten über die Kraft des Holunders als Heilpflanze Bescheid wussten und diesen Strauch in ihrer Heilkunde verwendeten. Das volksheilkundliche Wissen hatte also weit über zwei Jahrtausende Zeit, sich zu entwickeln und zu verbreiten. Was bedeutet eigentlich „Volksheilkunde"? Im Laufe der Geschichte eigneten sich Laien, also Menschen ohne medizinische Fachausbildung, Wissen über Krankheiten und deren Heilungsmöglichkeiten an, entwickelten dieses Wissen weiter und überlieferten es. Oft gründet dieses Volkswissen auch auf den Überlieferungen großer „Mediziner" aus der Antike, so hat zum Beispiel Hippokrates, einer der berühmtesten Ärzte des Altertums, bereits um die abführende und harntreibende Kraft des Holunders gewusst. Pedanios Dioskurides, eine weitere medizinische Berühmtheit aus dem Altertum, wirkte als Arzt unter den römischen Kaisern Claudius und Nero und verfasste eines der berühmtesten medizinischen Werke der Geschichte, die Materia Medica. Zwei der fünf Bände befassen sich mit über 500 Arten von Heilpflanzen, darunter finden sich viele Anwendungen mit Holunder: Blütentee, Umschläge aus Blättern, Absud aus Wurzeln sowie Rinde und vieles mehr. Klöster, die oft Abschriften solch berühmter Werke besaßen, haben das Holunderwissen weitergetragen, obwohl es im tiefen Mittelalter Zeiten gab, in denen der Holunder auch als „Baum des Teufels" tituliert wurde. Das Christentum und seine mächtigen Vertreter wollten wohl verhindern, dass dieser kraftvolle Strauch verehrt und in Rituale eingebaut wurde, sogar Hildegard von Bingen hat gemeint, er sei „für den Körper nicht wirklich von Nutzen".

Jedoch war die Heilkraft der Pflanze so vielfältig, dass sie aus der Volksmedizin nicht wegzudenken war. Im 17. Jahrhundert erschien das erste umfangreiche und bis heute aktuelle Werk über den Holunder, die „Anatomia Sambuci", Anatomie des Holunders, verfasst vom deutschen Mediziner Martin Blochwitz (1602–1629). Der Medicus, welcher bereits im jungen Alter von 27 Jahren vermutlich an der Pest verstarb, verschrieb augenscheinlich einen großen Teil seiner Schaffensphase diesem faszinierenden Werk, in welchem unzählige Rezepte und Heilanwendungen des Strauches genannt werden: Holundermus, -essig, -öl, Holundersalben und -pillen, Holunderwein und -sirup ... Er arbeitete mit allen Teilen der Pflanze und setzte sie bei etlichen Krankheitsbildern ein.

Dieses und viele andere Werke und Niederschriften aus der Vergangenheit haben das volksmedizinische Holunderwissen bis in die heutige Zeit übertragen, etliche Rezepte und Anwendungen konnten sich bis heute durchsetzen und beweisen, einige davon inzwischen auch auf wissenschaftlicher Ebene.

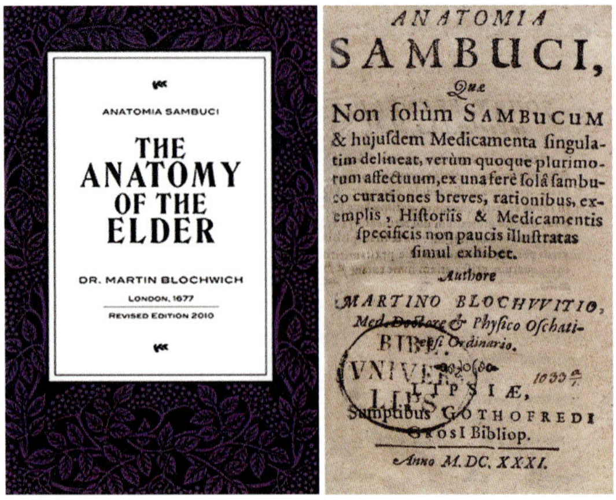

https://www.amazon.de/Anatomy-Elder-Anatomia-Sambuci-English-ebook

Cover der englischsprachigen aktualisierten Übersetzung (2010) und Titelblatt der lateinischen Ausgabe von 1631 der „Anatomia Sambuci" von Martin Blochwitz.

Holunderblüten in der Volksheilkunde

Die zarten Blüten des wundervollen Strauches wurden und werden sehr vielfältig angewendet. Früh erkannte man die schweiß- und harntreibende Kraft der Blüten und setzte sie bei grippalen Infekten und Fieber, bei Harnwegs- und Nierenproblemen, Husten, Bronchitis und Heiserkeit sowie bei Nasennebenhöhlenentzündung ein.

Zum Einsatz kommen hier vor allem die getrockneten Blüten, welche als Tee zubereitet werden. Es lohnt sich also, hier zur Blütezeit fleißig zu sein und sich einen Vorrat aus getrockneten Holunderblüten anzulegen. Auf das Trocknen der wertvollen Blüten, die Teezubereitung und Anwendung wird im Abschnitt „Teezubereitungen aus Holunder" (ab S. 59) genau eingegangen.

Von diesem Tee sind keinerlei negative Nebenwirkungen bekannt, auch wenn er über einen längeren Zeitraum konsumiert wird. Bei Erkältungen und grippalen Infekten trinkt man dreimal täglich eine Tasse Holunderblütentee, er wirkt schweißtreibend und entzündungshemmend und unterstützt das Immunsystem, so kann der Körper besser eine eigene Abwehr aufbauen. Den Tee trinkt man warm in kleinen Schlucken, nach dem Genuss des Tees sollte man ruhen und sich warm einpacken. In der Grippezeit lohnt es sich, so eine Teekur vorbeugend über einen längeren Zeitraum vorzunehmen.

Im Falle einer aufkeimenden Blasenentzündung regt der Holunderblütentee die Ausscheidung an, durch die vermehrte Ausscheidung und größere Harnmengen können auch Viren besser aus dem Körper gespült werden. Auch hier wirkt der Tee entzündungshemmend, leicht krampflösend und somit etwas schmerzstillend. Halsschmerzen und Nasennebenhöhlenentzündung bekämpft der Blütentee durch seine schleimlösende und schleimhautschützende Wirkung.

Was hilft bei …

Bei Halsweh und Heiserkeit so wie Hustenreiz kann Inhalieren mit Holunderblütentee helfen. Hierzu übergießt man 4 EL getrocknete Holunderblüten mit etwa 750 ml fast kochendem Wasser, beugt den Kopf darüber und inhaliert den aufsteigenden Dampf für 10 Minuten. Umgibt man Kopf und Topf mit einem Handtuch, so sammelt sich der Dampf darunter und bleibt länger warm!

Auch Kompressen aus Holunderblüten sind effektiv, dazu kocht man einen sehr starken Holunderblütentee, lässt ihn etwas abkühlen und tränkt damit ein Baumwolltuch. Dieses legt man auf die betroffenen Stellen, z. B. bei Bindehautentzündung, Ekzemen, Abszessen, Hautausschlägen, Bauchschmerzen, Sonnenbrand oder Rheuma.

Zahnschmerzen waren auch ein Symptom, bei welchem in den vergangenen Jahrhunderten die Holunderblüten eingesetzt wurden, und zwar als Kompressen, wie oben beschrieben, aber auch als Gurgellösung. Dafür wurden Holunderblüten in Wein gekocht und damit die schmerzende Stelle wiederholt gespült.

Ein Holunderblütenbad beruhigt trockene, gereizte Haut. Für ein Vollbad einen Liter starken Holunderblütentee zubereiten und ins Badewasser gießen, 20 Minuten darin baden.

Ein Sitzbad mit Holunderblütentee kann die Schmerzen bei Hämorrhoiden eindämmen, dafür einen Liter starken Blütentee zubereiten, in einer Waschschüssel mit 2 Liter warmem Wasser mischen und für 20 Minuten ein Sitzbad nehmen.

Weitere heilsame Zubereitungen aus Holunderblüten sind

- Tinkturen (hier werden die Wirkstoffe der Blüten in Alkohol ausgezogen)
- Oxymele (die Blüten werden einige Wochen in eine Mischung aus Essig und Honig eingelegt und danach abgeseiht)
- Holunderblüten-Ölauszug (frische Blüten werden mit pflegendem Öl, z. B. Mandelöl, Jojobaöl, Traubenkernöl etc., in ein Glas gefüllt und einige Wochen an einem warmen Ort stehen gelassen, danach wird das Öl gefiltert)

All diese Zubereitungen werden ab S. 72 genau beschrieben. Dr. Martin Blochwitz veröffentlichte in seinem oben genannten, im 17. Jh. erschienenen Werk „Anatomia Sambuci“ zahlreiche heilkundliche Rezepte mit Holunderblüten, wie zum Beispiel die folgende Anleitung zur Herstellung eines sehr intensiven Sirups oder Honigs:

The Syrup or Honey
Take 1 lb.of fresh elderflowers and let it macerate in 6 lbs. of warm fountain water for 12 hours. Press out the flowers and strain the liquor. Again, put in fresh flowers and repeat these steps another two times. Add four ounces of white sugar to each five ounces of strained liquid, and boil it up to a syrup in the usual manner. If you use honey instead of sugar and boil it to a comparable consistency, you will have mel sambucinum, which some people recommend highly (Dr. Martin Blochwitz, Anatomia Sambuci, erste englische Ausgabe erschienen 1655).

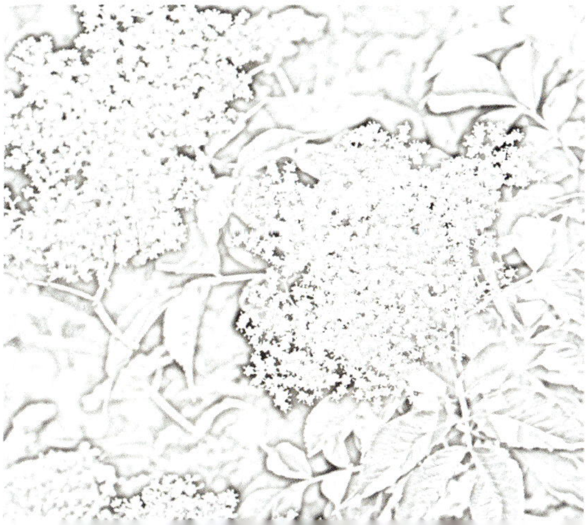

Blütensirup oder Honig
(ÜBERSETZUNG, SINNGEMÄSS)

- Nimm 1 lb (lat. Libra, entspricht etwa 0,45 kg) Holunderblüten und lasse sie in 6 lbs (ca. 2,7 kg) Brunnenwasser 12 Stunden ziehen. Presse die Blüten aus, seihe die Flüssigkeit ab. Füge erneut frische Blüten hinzu und wiederhole diesen Vorgang noch zweimal. Füge 4 Unzen (eine Unze ist ca. 28,3 g) weißen Zucker auf je 5 Unzen gefilterte Flüssigkeit hinzu und koche alles auf die übliche Art zu einem Sirup. Wenn du Honig statt Zucker verwendest und alles zu einer vergleichbaren Konsistenz einkochst, erhältst du Holunderblütenhonig, was von manchen Menschen wärmstens empfohlen wird.

Holunderbeeren in der Volksheilkunde

Die Inhaltsstoffe der Holunderbeeren sind heute recht genau erforscht, und obwohl diese Analysen in den vergangenen Jahrhunderten natürlich nicht möglich waren, wusste man um die wertvolle und heilsame Kraft der farbintensiven Beeren gut Bescheid. Bei Blutarmut wurde Holunderbeerensaft verordnet, man ging davon aus, dass ein Saft mit derart dunkelroter Farbe gut für das Blut sein müsste, und da lag man nicht falsch. Holunderbeeren haben auch eine verdauungsanregende Wirkung, welche durch den Genuss der ballaststoffreichen ganzen Beeren mit den Kernen noch verstärkt wird. Daher wurden die Beeren bei Verdauungsproblemen, vor allem bei Verstopfung, eingesetzt. Weiters kannte man ihre immunstärkende Wirkung in Grippezeiten.

Reines Holundermus wurde früher nach langen Krankheiten verabreicht, um den Genesenden zu stärken und mit lebenswichtigen Nährstoffen zu versorgen. Das Mus ist ganz einfach herzustellen: Die abgerebelten Beeren mit etwas Wasser oder Rotwein aufkochen und 10 Minuten sanft weiterköcheln lassen, diesen Brei nach Belieben mit Zucker oder Honig süßen und warm genießen. Hierfür sind auch tiefgefrorene Holunderbeeren bestens geeignet!

Reiner Holunderbeerensaft, auch Holunder-Muttersaft genannt, ist ein wahres Stärkungselixier. Dieser reine Beerensaft wird nicht gezuckert, schmeckt etwas herb und sollte, eventuell mit Wasser verdünnt, wie eine Kur über einige Wochen täglich getrunken werden, um die Immunabwehr zu unterstützen. Hier reicht ein kleines Glas am Tag, die Herstellung des Saftes ist auf S. 70/71 beschrieben. Da hier der konservierende Zucker fehlt, sollte der Saft eingekocht oder noch besser in Tagesrationen eingefroren werden.

Holunderbeeren entfalten ihre zahlreichen positiven Wirkungen am besten, wenn man sie präventiv laufend zu sich nimmt. Mit dem täglichen „Stamperl“ (kleines Schnapsglas) Saft funktioniert das sehr gut.

Besonders wohltuend bei Husten und Heiserkeit ist ein Sirup aus Holundersaft und Honig. Dafür werden Muttersaft und Honig im Verhältnis 2:3 gemischt und geköchelt, bis ein dickflüssiger Sirup entsteht. Dieser wird in eine Flasche abgefüllt und im Kühlschrank gelagert. Im Akutfall alle paar Stunden einen Teelöffel Sirup einnehmen und langsam im Mund zergehen lassen (Rezept nach „Gesund mit Holunder“, Ellen Heidböhmer).

Aus dem Sirup lässt sich ein wohltuender Schlaftrunk zubereiten: einen EL davon in einem Glas mit warmem Wasser auflösen und vor dem Einschlafen trinken. Weitere traditionelle Holunderbeeren-Zubereitungen für die Hausapotheke sind (wie bei den Blüten)

- Holunderbeeren-Tinktur
- Holunderbeeren-Oxymel
- getrocknete Beeren für Teezubereitungen

Hierzu finden sich genaue Anleitungen ab S. 72. Ein interessantes Rezept für gewürzten Wein mit getrockneten Holunderbeeren findet sich in der oben genannten „Anatomia Sambuci“, derartige Gewürzweine wurden zu einem schweren Essen gereicht und sollten die Verdauung ankurbeln.

Recipe for infused wine
1 lb Elder berries, well dried in an oven
3 oz. cinnamon, the strongest and sharpest
1 ½ oz. Cloves
Pulverize the ingredients thoroughly and sew them into a pouch. Put the bag in a vessel that holds about twelve English quarts, and fill up the rest with the best and most fragrant white wine. Place the vessel in a wine cellar for two weeks or longer. The wine may be served with meals, for it is digestive and most delicious in colour, taste and smell (Dr. Martin Blochwitz, Anatomia Sambuci, erste englische Ausgabe, erschienen 1655).

(ÜBERSETZUNG, SINNGEMÄSS)

Rezept für gewürzten Wein

1 lb (0,45 kg) Holunderbeeren, in einem Ofen gut getrocknet
3 oz. (ca. 85 g) Zimt, den stärksten und schärfsten 1 ½ oz. (42,5 g) Gewürznelken

- Pulverisiere alle Zutaten sorgfältig und nähe sie in einen Beutel ein. Gib den Beutel in ein Gefäß, das ungefähr 12 englische Quarts fasst (Quart war ein Volumenmaß, vor allem bei Flüssigkeiten gebräuchlich, ein Quart variiert von 1 bis 1,5 Liter), und fülle es auf mit dem besten wohlriechenden Weißwein. Stelle das Gefäß für zwei Wochen oder länger in einen Weinkeller. Der Wein kann zum Essen serviert werden, denn er ist verdauungsfördernd und höchst delikat in Farbe, Geschmack und Geruch.

Holunderblätter in der Volksheilkunde

Holunderblätter wurden schon vor langer Zeit zu Heilzwecken eingesetzt und fanden in der Hausapotheke reichliche Einsatzmöglichkeiten. Teezubereitungen aus frischen oder getrockneten Blättern sind altbewährt bei Harnproblemen, Verdauungsproblemen, Erkältungskrankheiten und Immunschwäche, Informationen zu Ernte, Verarbeitung und Zubereitung sind ab S. 63 zu finden.

Die zusammenziehende, entzündungshemmende Wirkung der in den Blättern enthaltenen Gerbstoffe machte man sich bei der Wundheilung zunutze. Frische Blätter wurden zerstampft und mit warmem Öl oder Schweinefett zu einem Brei vermischt, welcher dann auf Wunden oder schmerzende Stellen aufgetragen wurde und dort blieb, bis er getrocknet war. Dieser Brei lässt sich, etwas modernisiert, auch heute zusätzlich zu ärztlicher Behandlung einsetzen, z. B. bei Hexenschuss bzw. Nervenentzündungen oder Gelenksschmerzen: frische Blätter mit etwas Olivenöl und einigen Tropfen Holunderkernöl (online oder in gut sortierten Reformhäusern erhältlich) pürieren und auf die betroffene Stelle auftragen. Bei Brandwunden frische Blätter mit Wasser pürieren, aufkochen und abgekühlt auf die Wunde streichen.

Bei Insektenstichen können Holunderblätter Erste Hilfe leisten: ein frisches Blatt in den Handflächen reiben, bis Pflanzensaft austritt, das Blatt fest auf den Stich drücken.

In der englischen Ausgabe aus 1655 der „Anatomia Sambuci" von Dr. Martin Blochwitz findet sich eine Anleitung zur Herstellung von Holunderblätterwasser, welches sodann zur Herstellung weiterer medizinischer Präparate verwendet wurde.

The water made oft the leaves
Fill half a vesica with crudely crushed or cut fresh Elder leaves, and add a sufficient amount of warm water. Macerate them over night and distil the liquid. Put the distilled water on fresh leaves and distil again.
In the same manner you may prepare water oft he green, succulent bark. Some people distil water of the succulent roots, the pith or the fungus (separately, or mixed together), and recommend it for the treatment of dropsy (Dr. Martin Blochwitz, Anatomia Sambuci, erste englische Ausgabe 1655).

Holunderblätter-Wasser
(ÜBERSETZUNG, SINNGEMÄSS)

❀ Fülle einen Beutel (Behälter) halb voll mit grob zerstoßenen oder geschnittenen frischen Holunderblättern und füge eine ausreichende Menge warmes Wasser hinzu. Lasse es über Nacht ziehen und gieße die Flüssigkeit ab. Gib die abgegossene Flüssigkeit wieder über frische Blätter und wiederhole den Prozess.

❀ Auf die gleiche Art erzeugst du Wasser aus der grünen, saftigen Rinde. Einige Leute ziehen auch Wasser aus den saftigen Wurzeln, dem Mark oder dem Pilz* (gesondert oder gemischt), und empfehlen dieses bei Wassersucht.

Tipp ** Mit dem „Pilz" ist vermutlich das Judasohr gemeint, ein medizinisch wertvoller Pilz, der besonders häufig an den Stämmen von Holundersträuchern wächst.*

Holunderrinde und Holunderwurzel in der Volksheilkunde

Bereits der griechische Arzt Hippokrates von Kos, so wie viele Jahrhunderte später Pfarrer Kneipp, stellten medizinische Präparate aus der Holunderwurzel her, welche, wie auch bei Dr. Blochwitz in der „Anatomia Sambuci" erwähnt, vor allem bei Wassersucht angewandt wurden. Traditionelle Anwendungen der Holunderrinde sind vor allem der Rindentee bei Nervenschmerzen, Rheuma und Arthritis, Verstopfung und, wie die Wurzel, bei Wassersucht. Auch als Zugabe bei blutreinigenden, entschlackenden Teemischungen ist manchmal Holunderrinde enthalten. Hierzu findet man genauere Informationen ab S. 65. Die Rinde wurde und wird speziell zur äußerlichen Anwendung herangezogen, zur Behandlung von schmerzenden Stellen und Schwellungen, Geschwüren oder Hautinfektionen. Im Buch „Wildniswissen" von Eunike Grahofer findet sich ein Rezept für einen Holunderrinden-Absud, der bei Nebenhöhlenentzündungen angewandt werden kann.

Dafür 2 EL Holunderrinde mit 250 ml heißem Wasser übergießen und 4 Stunden stehen lassen, danach erneut leicht erwärmen, abseihen und als Kompresse auf die schmerzenden Wangen auflegen. Dies wird zwei- bis dreimal täglich wiederholt.

Diese und ähnliche Zubereitungen finden sich auch oft im Zusammenhang mit Zahnschmerzen, welche in früheren Zeiten oft mit Holunder, speziell mit Auszügen aus Rinde oder Wurzel, behandelt wurden.

So soll die Rinde, kocht man sie in Essig aus und spült damit wiederholt den Mund, den Schmerz lindern, eine ähnliche Anwendung empfiehlt, Holunderwurzel in einer Essig-Weinmischung auszukochen und öfter „im Mund zu behalten" (https://www.quintessence-publishing.com/deu/de/news/zahnmedizin/endodontie/holunder-und-zahnschmerz).

Das bereits genannte großartige volksheilkundliche Werk „Anatomia Sambuci“ von Dr. Martin Blochwitz erschien in lateinischer Sprache um 1631 und wurde etwas später (ca. 1655) ins Englische übersetzt. Diese Fassung wurde von der IPRONA AG, einem internationalen Unternehmen für Fruchtverarbeitung, aufgegriffen und sprachlich nur so weit angepasst, dass es heute lesbar ist. Der mittelalterliche Stil blieb erhalten, ebenso die Rezepturen.

Das Werk von Dr. Blochwitz veranschaulicht, wie viele Krankheiten damals schon bekannt waren und wie umfangreich hier mit Holunder gearbeitet wurde. Unzählige Rezepturen und ihre Anwendung sind hier beschrieben, es ist ein faszinierender Einblick in die Vergangenheit der Volksmedizin! Die oben genannten alten Rezeptbeispiele habe ich dieser neuen Fassung entnommen, sie ist zurzeit allerdings nur als Online-Version verfügbar.

TEEZUBEREITUNGEN MIT HOLUNDER

Der Holunderstrauch ist eine sehr wertvolle Quelle für Teezubereitungen. Verwendet werden können Blüten, Blätter, Beeren, Rinde, Wurzel und junge Triebe, wobei der größte Schatz die Blüten sind. Alle Pflanzenteile können sowohl frisch als auch getrocknet bei der Teezubereitung herangezogen werden, folgendes ist hier unbedingt zu beachten:

> In allen Pflanzenteilen von Holundersträuchern ist das Glykosid Sambunigrin enthalten, welches beim Verzehr giftige Blausäure freisetzt. Diese wird jedoch durch Erhitzen auf 80 °C unschädlich gemacht. Ob frisch oder getrocknet, Tee aus Holunderbestandteilen muss unbedingt einige Minuten auf über 80 °C erhitzt werden, am besten köchelt man Holunderblätter, Rinde, Beeren etc. für etwa 5 Minuten, gibt erst danach die restlichen Bestandteile der Teemischung hinzu und lässt das Ganze ziehen. Lediglich die Holunderblüte kann ohne Abkochzeit als Aufguss zubereitet werden.

Arten der Teezubereitung

Aufguss (Infus)

Ein Aufguss ist die meistpraktizierte Art der Teezubereitung: Die losen Teebestandteile in einer Kanne mit heißem Wasser (90 °C) übergießen und 2–15 Minuten ziehen lassen, das Gefäß dabei immer abdecken, damit die ätherischen Öle nicht flüchten können! Danach alles durch ein feines Sieb abgießen. Teebeutel sind mit lose aufgegossenen Bestandteilen weder in der Wirkung noch im Geschmack zu vergleichen.

Kaltauszug (Mazerat)

Speziell bei Bestandteilen mit hohem Stärkegehalt werden Kaltauszüge angewendet: Die Pflanzenteile klein schneiden und in kaltem Wasser für einige Stunden ansetzen. Danach abseihen, erst dann den Kaltauszug ohne die Pflanzenteile erhitzen, ansonsten würde das Getränk schleimig und zäh. Diese Art der Zubereitung wird beim Holunder nicht praktiziert.

Abkochung (Dekokt)

Harte Pflanzenteilen wie Rinde, Wurzeln oder dicke Blätter, wo Inhaltsstoffe erst nach längerem Erhitzen freigegeben werden, werden abgekocht: Die Bestandteile nach Belieben bereits am Abend vorher in Wasser einweichen, danach in diesem Wasser einige Minuten kochen. Beim Holunder ist das Abkochen wie oben bereits erwähnt unbedingt erforderlich, da es dem Unschädlichmachen der giftigen Bestandteile dient (die Blüten ausgenommen).

Tee als „Heildroge“

Die Teezubereitung aus den getrockneten Teilen des Holunderstrauches ist fachlich gesehen der Wissenschaft der Pharmazie zuzuordnen, denn haltbar gemachte Teile von Pflanzen, die zu Heilzwecken verwendet werden, bezeichnet man als Droge bzw. Heildroge. Jeder Pflanzenteil hat hier eine genaue lateinische Bezeichnung, für

den Holunder lauten diese wie folgt:
Holunderblüten = *Flores sambuci*
Holunderblätter = *Folia sambuci*
Holunderrinde = *Cortex sambuci*
Holunderfrüchte = *Fructus sambuci*
Holunderwurzel = *Radix sambuci*

Getrocknete Heildrogen sollten getrennt voneinander abgefüllt, aufbewahrt und erst direkt vor dem Genuss bzw. der Anwendung je nach Bedarf und erwünschter Heilwirkung gemischt werden. Um eine bestimmte Wirkung zu erzielen, ist ja auch manchmal ein Tee aus einem Einzelkraut von Vorteil, so zum Beispiel bei der Holunderblüte als Schwitzkur.

Teemischungen

Soll eine Teekur mit einer bestimmten Teemischung über einige Wochen praktiziert werden, stellt man die Mischung in größerer Menge aus den Einzeldrogen zusammen und füllt sie in ein Glas.

Teemischungen bestehen grundsätzlich aus Hauptkräutern, Geschmackskräutern und eventuell Schmuckkräutern.
Die Hauptkräuter, es sollten nicht mehr als drei sein, machen den mengenmäßig größten Teil der Mischung aus. Da es in diesem Buch ja um den Holunder geht, wird in den folgenden vorgeschlagenen Kombinationen auch der Holunderbestandteil immer unter den Hauptkräutern zu finden sein.

Geschmackskräuter sollen bewirken, dass der Tee auch gut schmeckt. Holunderblüten sind sehr wohlschmeckend und benötigen diese Beigabe nicht unbedingt, aber nicht alle Heilkräuter gefallen unserem Gaumen, so zum Beispiel die recht herben Holunderblätter. In diesem Fall helfen zum Beispiel Minze, Melisse oder Thymian.
Schmuckkräuter bringen Schönheit und Farbe in die Mischung, denn auch unser Auge will genießen. Bunte Blüten wie Kornblume, Ringelblume oder Rose sind hier beliebt, aber auch die Holunderblüte, wenn auch nicht bunt, sieht durch ihre Zierlichkeit hübsch aus.

Ernte, Verarbeitung und Wirkung der

HOLUNDER-PFLANZENTEILE FÜR TEE

Holunderblüten (*Flores sambuci*)

Werden Holunderblüten zum Trocknen für Teezubereitungen gesammelt, sollte dies immer bei warmem, sonnigem Wetter geschehen. Dem Sammeltag sollte bereits mindestens ein trockener, sonniger Tag vorangegangen sein, gepflückt werden die Dolden in sonniger Lage, am besten zwischen 11.00 Uhr Vormittag und 15.00 Uhr Nachmittag, also wenn die Morgenfeuchtigkeit verdunstet ist und noch keine Abendfeuchtigkeit in der Luft liegt.

Die Dolden werden mit einer Schere vom Ast geschnitten und locker in einen Korb gelegt. Plastikkübel sind nicht zu empfehlen, da die Dolden in ihnen zu schwitzen beginnen. Vor der Weiterverarbeitung werden die Dolden einzeln auf einem großen Tisch im Freien aufgelegt, dies gibt kleinen Tierchen die Möglichkeit zu flüchten. Auf keinen Fall soll man Holunderblüten waschen, das würde die duftenden, aromatischen Pollen und damit die Wirkstoffe wegspülen!

Trocknen

Um die schöne weiße Farbe von Holunderblüten zu erhalten, ist ein möglichst rasches Trocknen bei niedrigen Temperaturen erforderlich. Dies funktioniert in einem Dörrgerät bei 35 °C am besten. Trocknet man Holunderblüten an der Luft, so dauert dies länger, und die Blüten werden bräunlich. Direktes Sonnenlicht ist beim Trocknen unbedingt zu vermeiden. Wird im Freien getrocknet, so müssen die Dörrgitter über Nacht in den Innenraum getragen werden, da die Blüten sonst wieder Feuchtigkeit aufnehmen!

Grundsätzlich gibt es zwei Möglichkeiten, die zarten Blüten zu trocknen:

Methode 1: Man dörrt die gesamte Dolde und rebelt danach die einzelnen Blütchen ab. Hierbei geht allerdings recht viel von dem nun auch trockenen zarten Blütenstaub verloren, der jedoch das meiste Aroma beinhaltet. Zudem dauert der Dörrvorgang erheblich länger, wenn die Blüten noch an der Dolde hängen. Deshalb bevorzuge ich die zweite, etwas arbeitsintensivere Methode.

Methode 2: Man löst die Blüten noch im frischen Zustand von der Dolde. Ist die Blüte bereits sehr aufgeblüht und schon kurz vor dem Ende ihrer Blütezeit, so lassen sich die Blüten meist recht gut mit einer Gabel oder mit den Fingern abstreifen.

Ich schneide die Blüten mit einer feinen Schere kurz vor dem Ansatz ab, sodass noch höchstens ein ganz kleines Stück von dem feinen grünen Blütenstängelchen an der Blüte bleibt. So ist der Verlust an dem wertvollen gelben Blütenstaub (Pollen) am geringsten.

Das Abrebeln der Blüten funktioniert auch mit folgender Methode gut, wenn die Blüten schon kurz vor dem Abblühen sind: Die ganzen Dolden einen Tag dunkel und mit einem Geschirrtuch abgedeckt liegen lassen, dann fallen die Blüten fast von selber ab. Aber das Aroma ist hier nicht mehr so perfekt wie bei den noch festsitzenden Blüten!

Die Dolden bzw. die Blüten werden nun gleichmäßig auf Dörrgittern, Dörrblechen oder großen Holztabletts verteilt und getrocknet.

Lagerung

Die völlig getrockneten Holunderblüten lagert man am besten lichtgeschützt in großen Schraubgläsern, welche mit dem genauen Einfülldatum beschriftet werden. Die getrockneten Blüten sollten innerhalb eines Jahres verbraucht werden, dann naht ja auch schon die neue Ernteperiode. Sollten dann noch größere Mengen der wertvollen Blüten vorhanden sein, so kann man diese zum Räuchern oder für Duftsäckchen sowie Duftpotpourris verwenden.

Wirkung

Holunderblüten sind reich an ätherischen Ölen, Gerbstoffen, Flavonoiden und Schleimstoffen. Die in allen anderen Teilen des Holunders auftretende leichte Giftigkeit in rohem Zustand ist bei den Blüten nicht gegeben. Ein Aufguss aus Holunderblüten wirkt schweißtreiben und fördert die Sekretbildung in den Bronchien und erleichtert somit den Auswurf von zähem Schleim. Zudem regt der Holunderblütenaufguss den Stoffwechsel an und entwässert sanft. Der Aufguss unterstützt die Ausscheidung von Krankheitserregern und unterstützt die Immunkraft.
Auch als aromatischer, wohlriechender, beruhigender Tee vor dem Einschlafen ist er zu empfehlen, besonders wenn man sich in einer leicht depressiven Stimmung befindet. Man sollte dann in Kauf nehmen, dass in der Nacht einmal die Toilette besucht werden muss. Anwendung findet der wohlschmeckende Tee bei Erkältungskrankheiten, Fieber und Schüttelfrost, hier können die Blüten sowohl als Einzeldroge (also nur Holunderblüten) oder als Teemischung aus Kräutern mit ähnlichem Wirkspektrum verabreicht werden (Lindenblüten, Mädesüß, Zistrose ...). Auch in Teemischungen zur Entwässerung und Entgiftung sollten Holunderblüten enthalten sein.

Holunderblätter (*Folia sambuci*)

Ernte und Verarbeitung

Die Blätter des Holunderstrauches sollten von April bis Anfang Juni gesammelt werden, denn so jung verfügen sie über den höchsten Gehalt an wertvollen Inhaltsstoffen. Der beste Moment, sie zu ernten, ist kurz vor der Blüte, genommen wird

bevorzugt das große Endblatt des fünfzähligen Blattes. Es ist das größte und speichert die meisten Inhaltsstoffe.

Als Teekraut sind die Blätter nicht so bedeutend wie die Blüten, dennoch können sie im Frühling frisch als Bestandteil von harntreibenden, blutreinigenden, entschlackenden Frühlingskur-Teemischungen gute Dienste leisten.

Trocknen und Lagern

Zum Trocknen sind ebenfalls die jungen Blätter wie oben beschrieben zu verwenden, man schneidet sie mit einer Schere vorsichtig vom Strauch, legt sie möglichst locker auf Dörrgitter auf und lässt sie trocknen, auch hier ist direktes Sonnenlicht zu vermeiden. Die Blätter sollten immer im Ganzen gedörrt und erst danach zerkleinert werden, ansonsten geht wesentlich mehr ätherisches Öl verloren! Die Blätter können problemlos an der Luft trocknen, da hier das Verfärben keine Rolle spielt, schneller geht es jedoch wiederum im Dörrgerät bei konstanten 35 °C. Zum Lagern werden die getrockneten Blätter etwas zerkleinert, da sie sonst sehr voluminös sind und zu viel Platz beanspruchen. Gelagert wird das getrocknete Gut lichtgeschützt in Schraubgläsern.

Achtung: sowohl frische als auch getrocknete selbst gesammelte Holunderblätter müssen bei der Teezubereitung einige Minuten auf über 80 °C erhitzt werden, um das ansonsten austretende Gift Sambunigrin unschädlich zu machen!

Wirkung

Die Blätter sind reich an Gerbstoffen, Flavonoiden und ätherischen Ölen. Eine Abkochung aus Holunderblättern hilft vor allem bei Verstopfung, wirkt blutreinigend, entschlackend, wassertreibend und stärkt die Immunkraft.

Bei unzureichender Nierentätigkeit oder einer beginnenden Blasenentzündung regt ein Blättertee den Harnfluss an und fördert so die Ausscheidung von Viren und Giftstoffen. Für Teemischungen eignen sich wiederum Kräuter mit ähnlicher Wirkung (Goldrute, Birkenblätter, Brennnessel ...).

Holunderblätter-Tee

❀ 2 TL getrocknete Holunderblätter mit 250 ml Wasser aufsetzen, zum Kochen bringen und 2 Minuten köcheln lassen. Diese Abkochung zugedeckt 5 Minuten ziehen lassen, dann abgießen und warm trinken.

Tipp *Der Tee kann im Frühling auch mit frischen Blättern zubereitet werden, dann nimmt man einige zarte Blätter für eine kleine Kanne.*

Geschmacklich ist dieser Tee durch die Gerbstoffe eher herb, er ist als Medizin anzusehen, der Genuss sollte sich auf zwei Tassen pro Tag über einen Zeitraum von höchstens zwei Wochen erstrecken. Für Kinder ist dieser Tee nicht geeignet.

Holunderbeeren (*Fructus sambuci*)

Ernte und Verarbeitung

Geerntet werden zum Dörren bestimmte Früchte so reif wie möglich, es sollten keine halbreifen Exemplare mehr an der Dolde sichtbar sein. Um die Beeren zu dörren, sollte man sie auf der Dolde belassen, bis der Trockenvorgang abgeschlossen ist, danach lösen sie sich leicht von den Stielen, ohne dass Flüssigkeit verloren geht.

Das Dörren erfolgt bei 50 °C im leicht geöffneten Backofen oder im Dörrgerät, der Vorgang ist abgeschlossen, sobald aus den Beeren bei Druck keine Flüssigkeit mehr austritt, sie aber noch etwas zäh sind. Sie werden nun abgerebelt und dunkel und trocken gelagert.

Diese Beeren müssen als Abkochung zubereitet werden, da sie ja auch den giftigen Inhaltsstoff Sambunigrin enthalten, der erst bei Erhitzen auf 80 °C unschädlich wird. Möchte man eine Teemischung mit den Beeren herstellen, bei welcher die anderen Bestandteile nicht abgekocht werden müssen, so kann man die dafür benötigten rohen Früchte im Backofen mit leicht geöffneter Tür bei ca. 80 °C dörren, dabei werden sie lange genug auf über 80 °C erhitzt und müssen nicht mehr abgekocht werden. Da hier das Argument der schonenden Trocknung ja wegfällt – die Beeren müssten sonst sowieso gekocht werden – spricht nichts gegen diesen hochtemperierten Dörrvorgang. Es besteht jedoch bei diesem hochtemperierten Dörrvorgang die Gefahr, dass einige Beeren aufgrund der Temperatur aufplatzen!

Wirkung

Beim Erhitzen, egal ob durch Abkochung oder heißes Dörren, geht nur ein Teil des Vitamin C verloren, viele andere wertvolle Inhaltsstoffe wie Mineralstoffe oder Antioxidantien bleiben erhalten.

Holunderbeerentee wirkt schweißtreibend, harntreibend und immunstärkend, er ist also, wie die Blüten, eine tolle Waffe bei grippalen Infekten. Zusätzlich zur vom Arzt verordneten Therapie kann man bei einer Schwitzkur mit Holundertee Krankheitserreger ausspülen und Vitamine sowie Mineralstoffe zuführen, die in den Beeren reichlich enthalten sind. Der Tee ist demnach heilsam bei Grippe, Bronchitis und grippalen Infekten mit Fieber und zähem Schleim, durch die wassertreibenden Eigenschaften ist er auch wohltuend bei Blasenleiden, wirkt blutreinigend und blutbildend. Der sekundäre Pflanzenstoff Anthocyane, der Farbstoff, welcher der Holunderbeere ihr tiefes schwarzviolett schenkt, soll wirksam gegen freie Radikale in unserem Körper sein.

Werden getrocknete Holunderbeeren zur Zubereitung eines Teegetränkes verwendet, so verleihen sie diesem eine schöne Farbe und den typischen, markanten Holundergeschmack.

Abkochung aus getrockneten Holunderbeeren

❀ 2 EL Holunderbeeren mit 250 ml Wasser ansetzen und 15 Minuten stehen lassen. Dann aufkochen und 10 Minuten zugedeckt sanft köcheln lassen, danach abseihen und genießen, nach Geschmack mit Honig süßen.

Tipp *Kauft man die Beeren in der Apotheke, so ist immer diese Zubereitungsart zu wählen. Hat man die Beeren selber mit hoher Temperatur (siehe oben!) gedörrt, so kann man die Beeren wie für einen Aufguss mit kochendem Wasser übergießen und 15 Minuten zugedeckt ziehen lassen.*

Holunderrinde (*Cortex sambuci*) und Holunderwurzel (*Radix sambuci*)

Rinde und Wurzel haben als Abkochung/Tee identische Wirkungen, deshalb werden sie hier zusammengefasst. Weil jedoch die Wurzel schwer zu gewinnen ist und ihre Gewinnung den Strauch schädigt, konzentrieren wir uns auf die Rinde.

Ernte und Verarbeitung

Gemeint ist hier die grüne Schicht der Rinde, welche unter der graubraunen oberen Rinde liegt. Man kann versuchen, die Oberrinde abzuschälen, um so die grüne Innenrinde freizulegen, aber das ist recht mühsam. Beide Rindenschichten können gemeinsam geerntet, getrocknet und verwendet werden.

Ein schmaler, langer Rindenstreifen wird bei der Ernte von oben nach unten abgeschabt, das ist wichtig, denn laut alter Überlieferungen (z. B. Albertus Magnus, 13. Jh.) wirkt die Rinde als Brechmittel, wenn sie von unten nach oben abgeschabt wird. (Anmerkung: Vielleicht lasse ich mich zu einem Selbstversuch hinreißen, diese Regel habe ich in einigen älteren Kräuterbüchern und Artikeln gefunden.)

Geschabt wird am besten mit einem großen, scharfen Messer oder Beil. Pro Strauch sollten nur maximal zwei solche Streifen von den Ästen abgehobelt werden. Geerntet wird von Februar bis Ende März, wenn der frische Saft in die Pflanzenteile schießt.

Die Rindenstreifen werden in kleine Stücke geschnitten und getrocknet, das geht am schnellsten im Backofen oder Dörrgerät bei 40 °C.

Wirkung

Eine Abkochung von Holunderrinde/Wurzel hilft bei träger Nierentätigkeit, Blasenleiden, Verstopfung und rheumatischen Beschwerden, der berühmte vorchristliche Arzt Hippokrates wusste bereits von dieser Wirkung und verschrieb seinen Patienten diesen Tee bei Stuhlproblemen. Die Abkochung kann wie bei den Blättern auch mit frischer Rinde zubereitet werden.

TEE-REZEPTE

Zubereitung der Einzeldroge

Holunderblütentee

❀ Zwei EL Holunderblüten (frisch oder getrocknet) mit 250 ml etwa 90 °C heißem Wasser übergießen und 5 Minuten zugedeckt ziehen lassen. Die Blüten abgießen und den Tee genießen.

Tipp *Holunderblütentee schmeckt süßlich und hat ein sehr zartes, typisches Holunderaroma. Er benötigt eigentlich keinen Zucker, bestenfalls einen TL Honig. Im Bedarfsfall kann dieser Tee mehrmals täglich über einen längeren Zeitraum genossen werden, es sind keine Nebenwirkungen bekannt. Auch für Kinder ist dieser sanft wirkende Tee geeignet, eventuell sollte man das zuvor mit dem Arzt absprechen.*

Teemischungen mit Holunderblüten

KLASSISCHER GRIPPETEE für eine Schwitzkur

ZUTATEN FÜR 30 G

10 g Holunderblüten
10 g Lindenblüten
10 g Mädesüß

ZUBEREITUNG

❀ 2 EL der Mischung mit 250 ml kochendem, kurz abgekühltem Wasser (etwa 90 °C) aufgießen, zugedeckt 10 Minuten ziehen lassen, nach Wunsch mit Honig süßen, in kleinen Schlucken heiß trinken. Danach sollte man sich, in eine dicke Decke gewickelt, hinlegen und schwitzen, dann kurz warm abduschen und wieder hinlegen. Das kann mehrmals täglich wiederholt werden.

Vitamin C Grippetee

ZUTATEN FÜR 30 G

10 g Holunderblüten
10 g Lindenblüten
10 g getrocknete, halbierte Hagebutten

ZUBEREITUNG

❀ 2 EL Hagebutten über Nacht in 250 ml Wasser ansetzen. Am nächsten Tag den Ansatz mit den Hagebutten 10 Minuten zugedeckt köcheln lassen, vom Herd nehmen, je 1 EL Blüten hinzufügen und weitere 10 Minuten zugedeckt ziehen lassen, dann durch ein feines Sieb abseihen, um die feinen Hagebuttenhärchen abzusondern.

Tipp *Hier lohnt es sich, gleich eine größere Menge zuzubereiten und über den Tag verteilt zu trinken.*

Wunderhübscher Blütentee

ZUTATEN FÜR 55 G

10 g Holunderblüten
10 g Rotkleeblüten
10 g Gänseblümchenblüten
10 g Rosenblüten
5 g Kornblumenblüten
10 g Minzeblätter

ZUBEREITUNG

❀ Alle Zutaten für diesen lieblichen Tee können getrocknet gemischt und als Aufguss zubereitet werden (90 °C heißes Wasser, 2–3 Minuten ziehen lassen), aber Ende Mai/Anfang Juni, wenn all diese Blüten frisch verfügbar sind, sollte man am Morgen eine große Kanne davon ansetzen und über den Tag als Erfrischungstee genießen. Dafür je eine kleine Handvoll von jeder Zutat pflücken (die Rosen müssen natürlich ungespritzt sein!), in einen Krug (ca. 1 Liter Fassungsvermögen) geben, mit etwa 80 °C heißem Wasser übergießen, mit Zucker oder Honig süßen und zugedeckt mindestens 30 Minuten ziehen lassen.

Tee bei NASENNEBENHÖHLENENTZÜNDUNG

ZUTATEN FÜR 50 G

20 g Holunderblüten
10 g Lindenblüten
10 g Königskerzenblüten
10 g Thymian

ZUBEREITUNG

❀ 2 EL der Mischung mit 250 ml gekochtem, kurz abgekühltem Wasser (etwa 90 °C) aufgießen, zugedeckt 10 Minuten ziehen lassen, abseihen und heiß trinken. Mehrmals täglich wiederholen.

Tipp *Dieser Tee wirkt sekretlösend und durch den Thymian antibakteriell.*

Teemischungen mit Holunderblättern

Blutreinigender Tee

ZUTATEN FÜR CA. 70 G

20 g Holunderblüten
10 g Brennnesselblätter
20 g Birkenblätter
10 g Löwenzahnwurzel
10 g Melissenblätter

ZUBEREITUNG

❀ 2 EL der Mischung mit 250 ml kochendem, kurz abgekühltem Wasser (etwa 90 °C) aufgießen, zugedeckt 10 Minuten ziehen lassen, abseihen und warm in kleinen Schlucken trinken. 3 Tassen täglich über einen Zeitraum von 3 Wochen als Kur genießen.

Tipp *Holunderblüten, Brennnessel und Birke sind stark harntreibend, dies fördert die Ausscheidung von Giftstoffen, man sollte allerdings immer die nächste Toilette im Auge haben!*

Blasentee

ZUTATEN FÜR 80 G

20 g Holunderblätter
20 g Goldrutenblüten
20 g Birkenblätter
10 g Brennnesselblätter
10 g Süßholz

ZUBEREITUNG

❀ 2 EL der Mischung mit 250 ml Wasser aufsetzen, zum Kochen bringen und 2 Minuten köcheln, dann zugedeckt 10 Minuten ziehen lassen, abseihen und warm trinken, im Akutfall 3 Tassen täglich.

Tipp *Goldrute ist eines der besten Kräuter bei Blasenentzündung, begleitend zur Behandlung des Arztes kann dieser Tee Krankheitsviren aus den Harnleitern spülen und die Harnmenge erhöhen, was bei Blasenentzündung mit ständigen kleinen Harnmengen sehr erleichternd sein kann.*

Tee gegen Blähungen

ZUTATEN FÜR 60 G

20 g Holunderblätter
20 g Pfefferminze
10 g Fenchelsamen
10 g Anissamen

ZUBEREITUNG

❀ 2 EL der Mischung mit 250 ml Wasser aufsetzen, zum Kochen bringen und 2 Minuten köcheln, dann zugedeckt 10 Minuten ziehen lassen, abseihen und heiß in kleinen Schlucken trinken, bei Bedarf 3 Tassen täglich.

Tipp *Achtung, die Holunderblätter müssen kurz gekocht werden (siehe S. 63)!*

Stoffwechseltee

ZUTATEN FÜR 250 ML

20 g Zinnkraut bzw. Schachtelhalm
(extra aufbewahren!)
20 g Holunderblätter
20 g Brennnesselblätter
10 g Kalmuswurzel

ZUBEREITUNG

❀ 1 EL Zinnkraut mit 250 ml Wasser ansetzen und 3 Stunden stehen lassen, damit sich die wertvolle Kieselsäure gut lösen kann.

❀ 1 EL der Mischung aus den restlichen Zutaten dazugeben, aufsetzen, zum Kochen bringen und 2 Minuten köcheln, dann zugedeckt 10 Minuten ziehen lassen, abseihen und warm trinken. Am besten als Kur zweimal täglich über einen Zeitraum von 2 Wochen anwenden.

Tipp *Holunderblätter und Brennnesselblätter fördern die Nierentätigkeit, Kalmus wirkt lindernd bei Magen-Darm Problemen und Verstopfung. Die im Zinnkraut enthaltene Kieselsäure stärkt das Bindegewebe und entgiftet.*

Teemischung mit Holunderbeeren

Bronchialtee

ZUTATEN FÜR 60 G KRÄUTERMISCHUNG

getrocknete Holunderbeeren, extra aufbewahrt
60 g Kräutermischung (20 g Thymian, 20 g Huflattichblüten, 20 g Lungenkraut)

ZUBEREITUNG

❀ 1 EL Holunderbeeren in 250 ml Wasser über Nacht ansetzen, am nächsten Tag aufkochen, 2 Minuten köcheln lassen. 1 EL der Kräutermischung zugeben, zugedeckt 10 Minuten ziehen lassen, abgießen, mit 1 TL Honig gesüßt trinken.

Tipp *Bei hartnäckigem Husten 3 Tassen täglich trinken, dazu am besten am Vortag 3 EL Holunderbeeren in 750 ml Wasser ansetzen und am nächsten Tag wie oben beschrieben 250 ml davon mit je 1 EL Kräutermischung zubereiten, abgegossen in eine Thermoskanne füllen.*

Zubereitung der Holunderrinden-Abkochung

❀ 2 EL Holunderrinde mit 250 ml Wasser aufsetzen, aufkochen und 15 Minuten zugedeckt sanft köcheln lassen, dann abseihen und in kleinen Schlucken trinken.

Tipp *Auch dieser Tee istals Medizin anzusehen: 2 Tassen am Tag, vor dem Essen, über einen Zeitraum von einer Woche sind ausreichend. Für Kinder ist dieser Tee nicht geeignet. Geschmacklich ist er milder als der Blättertee und man erkennt deutlich den typischen Geschmack, den auch die Holunderbeeren aufweisen.*

Teemischung mit Holunderrinde

Verdauungstee

ZUTATEN FÜR CA. 80 G

20 g Holunderrinde
20 g Fenchel
20 g Kümmel
20 g Apfelschalen

ZUBEREITUNG

❀ Zur Zubereitung 2 EL der Mischung im Mörser leicht quetschen und sodann mit 250 ml Wasser aufkochen. Den Tee 10 Minuten zugedeckt köcheln, danach 10 Minuten ziehen lassen. Abgießen, nach Belieben mit Honig süßen, bei Verstopfung 3 Tassen täglich trinken.

REINER HOLUNDERBEERENSAFT

(Holunder-Muttersaft)

Die Grundlage für viele Rezepte mit Holunderbeeren ist der aus ihnen gewonnene Saft. Er ist so reich an wertvollen Inhaltsstoffen, dass man ihn eigentlich als Heilsaft bezeichnen könnte. Seine positive Wirkung verwöhnt unser Immunsystem, unsere Verdauung, unser Herz-Kreislaufsystem und schützt die Körperzellen vor freien Radikalen. Die vollreifen Beeren kann man mit einem Dampfentsafter entsaften, es funktioniert jedoch auch mit einem Topf, einem feinmaschigen Sieb und eventuell einem Tuch. Vorerst muss man die Beeren von den Rispen trennen. Hierfür gibt es mehrere Methoden:

- Man friert die Dolden ein, hält sie dann über einen Kübel und streicht die Beeren mit einer Gabel von den Doldenzweigen.
- Man schneidet die Beeren mit einer kleinen Schere vorsichtig ganz am Ende der Dolden-

zweige ab, sodass nur sehr kleine Stückchen der Zweige mit abgetrennt werden.

- Man zieht sich feine Gummihandschuhe an und rebelt die Beeren vorsichtig über einem Kübel ab. Wenn sie sehr reif sind, geht das gut, aber es kann Farbspritzer geben!

Die abgerebelten Beeren in einem großen Topf mit so viel Wasser aufgießen, dass sie gerade bedeckt sind. Die Beeren aufkochen, etwa 10 Minuten sanft köcheln lassen und anschließend beiseitestellen, bis alles etwas abgekühlt ist. Nun ein großes, feines Sieb über einen Topf oder eine Schüssel legen (ist das Sieb sehr grobmaschig, sollte zusätzlich ein Passiertuch eingelegt werden). Die Beeren und den bereits abgesetzten Saft portionsweise in das Sieb schöpfen und die Masse noch einmal gut ausdrücken.

Es ist recht schwer zu sagen, wie viel Saft man aus wie viel Beerenmasse gewinnt, da die Saftigkeit von einigen Faktoren wie Sorte und Wetter abhängig ist. Als Richtlinie könnte man angeben, dass man aus 1 kg Holunderbeeren etwa 500–600 ml Saft erhält.

Der übrig bleibende Trester kann im Backofen getrocknet und anschließend zu Pulver vermahlen werden. Es ist ein wertvoller Zusatz zu Smoothies, Shakes oder Müsli.

Holunderbeerensaft weiterverarbeiten

Der gewonnene Natursaft kann nun ohne Zugabe weiterer Zutaten abgefüllt und konsumiert werden. Um ihn länger haltbar zu machen, muss er jedoch erneut aufgekocht, noch heiß in sterile Flaschen gefüllt und diese noch einmal pasteurisiert werden.

Eine andere, weitaus schonendere Methode, Holunderbeerensaft für etliche Monate haltbar zu machen, ist es, ihn in kleineren Portionen einzufrieren und nur so viel aufzutauen, wie man gerade benötigt!

TINKTUREN MIT HOLUNDER

Eine Tinktur ist ein Auszug der Inhaltsstoffe von Pflanzenteilen in Alkohol. Dieser ermöglicht die Extraktion von wasserlöslichen, aber auch von schwer löslichen Bestandteilen der Pflanze. Dazu gehören zum Beispiel Flavonoide, Carotinoide, ätherische Öle, Bitterstoffe und Gerbstoffe. Der Alkohol sollte neutral sein, wie etwa Korn, Gin oder Wodka, für weiches Ansatzmaterial wie Blüten, Blätter oder Früchte ist ein Alkoholgehalt von 38 % ausreichend, festes Material wie Rinde oder Wurzeln werden in hochprozentigeren Alkohol eingelegt (60–70 %). Aufgrund des Alkoholgehaltes ist dieses Naturheilmittel für kleine Kinder nicht geeignet! Tinkturen können keinen Arztbesuch ersetzen, aber sie wirken präventiv und unterstützend. Eine Tinktur mit Holunderblüten ist einfach angesetzt und sollte in keiner pflanzlichen Hausapotheke fehlen.

Holunderblütentinktur anwenden

Die Blüten des Holunders sind bekannt für ihre schweißtreibende Wirkung, die Tinktur ist bestens geeignet als unterstützende Behandlung bei Fieber und Erkältungskrankheiten. In ihr enthalten sind all die an den Blüten geschätzten Inhaltsstoffe wie ätherische Öle, Flavonoide, Glykoside, Gerbstoffe und Schleimstoffe. Die Tinktur beschleunigt die Entgiftung und regt das Immunsystem an. Bei Heuschnupfen-Patienten soll die regelmäßige Einnahme der Tinktur während der Heuschnupfenzeit Linderung verschaffen.

Die Tinktur kann mit Wasser oder Tee verdünnt oder auf ein Stück Zucker geträufelt eingenommen werden. Dabei sollten pro Tag nicht mehr als 30 Tropfen eingenommen werden. Auch äußerlich kann der Auszug angewandt werden, indem man ihn zweimal täglich auf kleinere Verletzungen aufträgt, dies fördert die Wundheilung.

Rezepte für Tinkturen

Holunderblütentinktur

ZUTATEN FÜR CA. 250 ML

abgerebelte Holunderblüten, frisch oder getrocknet
Alkohol 38–40 %, z. B. einfacher Korn oder Wodka

1 Schraubglas
1 feines Sieb zum Durchseihen
kleine Fläschchen zum Aufbewahren (hier ist Braunglas sehr gut geeignet; praktisch für die Dosierung ist ein Verschluss mit Pipette)
Etiketten

ZUBEREITUNG

- Die Blüten in das Glas füllen, bis dieses etwa halb voll ist (bei getrockneten Blüten genügt es, das Glas, bis zu einem Drittel zu füllen). Das Glas mit Alkohol auffüllen, zuschrauben, mit dem Abfülldatum beschriften und 4 Wochen an einem hellen, aber nicht direkt sonnigen Ort stehen lassen. Danach die Tinktur abseihen und in kleine Flaschen füllen. Die Flaschen wiederum mit Inhalt und Abfülldatum beschriften, kühl und dunkel lagern.

Tipp *Die Tinktur sollte innerhalb eines Jahres verwendet werden, wurde nicht alles verbraucht, so kann der Rest für den Ansatz neuer Tinktur benutzt werden.*

Holunderwurzeltinktur

ZUTATEN FÜR CA. 150 ML

4 EL gewaschene, klein geschnittene Holunderwurzel
Alkohol 60–70 %

1 Schraubglas
1 Sieb
1 Flasche mit Pipette zum Abfüllen

ZUBEREITUNG

- Die Wurzelstücke in einem Mörser etwas quetschen und in das Glas geben, mit Alkohol auffüllen.
- 4 Wochen an einem hellen, aber nicht direkt sonnigen Ort stehen lassen.
- Das Glas mit Abfülldatum beschriften, danach filtern, abfüllen und erneut beschriften.

Tipp *Holunderwurzeln achtsam und vorsichtig ernten! Pro Strauch nur ein kleines Stück, und dieses von einem Seitentrieb, nicht von der Hauptwurzel. Die beste Erntezeit ist der Spätherbst, wenn die Blätter gefallen sind und die Kraft des Strauches sich nach den Blüten und Beeren wieder in seiner Wurzel sammelt.*

Holunderwurzeltinktur unterstützt bei Nieren- und Blasenleiden, im Falle von Beschwerden dreimal täglich 10 Tropfen einnehmen. Die Tinktur sollte innerhalb eines Jahres aufgebraucht werden.

Holunderbeeren-HAGEBUTTEN-TINKTUR

ZUTATEN FÜR CA. 700 ML

etwa 6 EL frische Hagebutten (sie sollten noch nicht ganz weich sein)
6 EL tiefgekühlte Holunderbeeren
Korn (38 %)

1 sauberes Glas mit Schraubverschluss

ZUBEREITUNG

- Die Hagebutten mit einem Messer oder im Blitzhacker grob hacken und in das Glas füllen. Die Holunderbeeren in einem kleinen Topf gerade eben mit Korn bedecken und einige Minuten auf 80 °C erhitzen. Danach in das Glas zu den Hagebutten geben mit Korn auffüllen, verschließen und mit Abfülldatum beschriften. An einem hellen Platz 4 Wochen ziehen lassen, ab und zu leicht schwenken.
- Nach dieser Zeit abseihen, dafür durch ein mit einem Tuch ausgelegtes Sieb seihen, um die feinen Härchen der Hagebutten zurückzuhalten. In Braunglasfläschchen mit Pipettenverschluss füllen.

Tipp *Hagebutten und Holunder ergänzen sich wunderbar, beide sind wahre Vitaminbooster. In einer Tinktur kombiniert, ergeben sie ein Stärkungselixier, welches, vorbeugend eingenommen, unser Immunsystem für die kalte Jahreszeit aufbaut. Für dieses Rezept werden tiefgefrorene Holunderbeeren benötigt, da die Hagebutten erst Anfang November geerntet werden.*

In der kalten Jahreszeit täglich 20–30 Tropfen mit etwas Wasser einnehmen. Nicht für Kinder geeignet!

GEMMOMAZERAT AUS HOLUNDERKNOSPEN

Das Wort „Gemma“ ist lateinisch und bedeutet die „Knospe“. Die Gemmotherapie ist ein ganz spezieller Bereich in der Naturheilkunde, der sich mit der Heilkraft von den im Frühjahr frisch austreibenden Wachstumsknospen von Sträuchern und Bäumen befasst.

Die Heilkraft der Knospen

Diese Therapieform ist begründet auf Studien des belgischen Arztes Henry Pol (1918–1988) und erklären sich wie folgt: Im Inneren so einer frühen Wachstumsknospe befindet sich das sogenannte Meristem, eine Art „Stammzellengewebe“, welches sämtliche Erbinformationen des Strauches oder Baumes, in unserem Fall des Holunderstrauches, enthält. Man findet also alle Wirkstoffe, Duftstoffe, aber auch Giftstoffe in diesem Gewebe wieder, welche später in der Blüte, in den Blättern, Wurzeln oder der Rinde zu finden sind.

Über seine Knospen bzw. die daraus erwachsenden Triebspitzen kann ein Holunderstrauch, auch wenn er schon sehr alt ist, innerhalb kurzer Zeit um ein Vielfaches wachsen, die neuen Triebe sind jung, vital und gesund und strotzen vor neuer Kraft. Diese geballten wertvollen Inhaltsstoffe macht sich die Gemmotherapie zunutze, indem diese Inhaltsstoffe in einer bestimmten Lösung über einige Wochen ausgezogen werden. Die Inhaltsstoffe der Holunderknospe sind identisch mit jenen, die wir später in der Holunderblüte, den Beeren oder der Rinde haben, und das daraus hergestellte Gemmomazerat wirkt heilsam bei Verstopfung, rheumatischen Beschwerden, Erkältungen, Hauterkrankungen, Allergien, stärkt das Immunsystem und entgiftet.

Ernte und Verarbeitung

Die wichtigste Komponente, wenn solch ein Gemmomazerat nun selbst hergestellt werden soll, ist der Erntezeitpunkt der Knospen. Der Holunderstrauch, so wie fast jeder andere Baum und Strauch, legt seine Knospen bereits im Herbst an, wenn es noch warm genug für Wachstum ist. Über den Winter werden diese empfindlichen Knospen von dicken Schutzblättern umgeben. Zum Zeitpunkt der Ernte muss die Knospe noch geschlossen sein, man sollte allerdings vorne schon den grünen Austrieb durchbrechen sehen. Nur in diesem Zustand wirkt die geballte Kraft der Inhaltsstoffe aus dem Inneren der Knospe!

Die Knospe des Holunderstrauches ist sehr typisch in ihrem Aussehen, sie sieht eher aus wie ein Spross, da sie länglich schmal ist und nicht rund und knubbelig wie die meisten Knospen. Wenn sie vorne aufbricht, kommen die winzigen Triebe wie eine Krake aus den Schutzblättern, die intensiv rötlich sind.

Zur Ernte für die Knospentherapie müssen die jungen, grünen Triebe gerade eben als grüne Spitzen an der Knospe erkennbar sein, sind sie bereits ausgetrieben, ist es zu spät. Es lohnt sich also, dem Holunderstrauch ab der letzten Februarwoche täglich einen Besuch abzustatten, jedes Jahr ist unterschiedlich!

Bei der Knospenernte ist zu beachten, dass man hier schonend vorgehen sollte. Gepflückt werden pro Ast nicht mehr als 2–3 Knospen, denn der Strauch soll ja wachsen, und eine Handvoll reicht schon für unser Grundrezept. Pflücken sollte man in ein Gläschen, und sobald man zu Hause angelangt ist, sollte die wertvolle Ernte sofort verarbeitet werden.

Grundrezept
HOLUNDERKNOSPEN-GEMMOMAZERAT

ZUTATEN FÜR 100 G

10 g Knospen
30 g Ethanol (Weingeist, 96 Vol.-%)*
30 g pflanzliches Bio-Glycerin
30 g Wasser

Tipp ** Das Ethanol bekommt man in der Apotheke, das pflanzliche Glycerin in den meisten Reformhäusern. Man sollte unbedingt rein pflanzliches Bio-Glycerin verwenden, das Mazerat wirkt direkt auf die Schleimhäute ein, und hier ist beste Qualität angesagt. Gewisse Inhaltsstoffe sind im Wasser löslich, andere benötigen den Alkohol, um gelöst zu werden, und die fettlöslichen Bestandteile werden durch das Glycerin freigelegt.*

ZUBEREITUNG

❀ Knospen klein hacken und in ein kleines Schraubglas oder Patentglas geben, Ethanol, Glycerin und Wasser mischen und über die Knospen gießen. Das Glas verschließen und hell, zimmerwarm, aber vor Sonnenlicht geschützt aufstellen, täglich leicht schütteln (das Mazerat färbt sich durch die Knospen dunkel und man kann den Holunder riechen).

❀ Nach 4 Wochen die Knospen filtern und das Mazerat in kleine Sprühfläschchen oder Medizinfläschchen mit Pipette abfüllen, mit Ansatzdatum und /oder Abfülldatum beschriften.

Tipp *Dieses konzentrierte Mazerat wird auch Muttermazerat genannt, es wird unverdünnt angewandt und man benötigt nur sehr kleine Dosen.*

Bei Bedarf verabreicht man dreimal täglich 1–2 Sprühstöße, bei Kindern zweimal täglich einen Sprühstoß.

Mit der Pipette tropft man dreimal täglich 5–10 Tropfen in etwas Wasser und trinkt das, bei Kindern zweimal täglich 5 Tropfen.

Gemmomazerat aus schwarzem Holunder kann auch in der Apotheke erworben werden, hier sollte man nachfragen, ob es sich um Muttermazerat oder eine verdünnte Lösung handelt, da eine Verdünnung natürlich eine höhere Dosierung verlangt! Dieses wunderbare, leicht herzustellende Naturheilmittel kann unterstützen, in jedem Fall sollte aber in schwereren Fällen oder bei Unsicherheit ein Arzt zugezogen werden. Zudem ist zu bedenken, dass Naturheilmittel nicht unmittelbar und augenblicklich wirken, sondern ihre Wirkung entfalten, wenn sie über einen längeren Zeitraum konsequent verabreicht werden.

OXYMELE MIT HOLUNDER

Bereits in der Antike schätzte man Essig auch im medizinischen Bereich, und er wurde innerlich wie auch äußerlich angewandt. Gleiches trifft auch auf den Honig zu, dessen heilende Kraft heute erwiesen, aber noch immer nicht völlig erforscht ist.

Essig & Honig & das Beste aus dem Holunder

Aus der Antike stammt auch die Methode, diese beiden Zutaten zu mischen und darin Pflanzenteile auszuziehen. So soll das Oxymel bereits in den Schriften des Hippokrates vorkommen. Das Wort „oxy" kommt aus dem Griechischen und bedeutet „sauer", die Endsilbe „mel" entstammt dem griechischen Wort für „Honig".

Überlieferungen aus dem Mittelalter berichten von Heilrezepturen mit in Essig eingelegten Heilpflanzen, im 18. Jahrhundert wurde ein derartiges Naturheilmittel gegen die Pest angewendet. Hier fehlt jedoch der Honig in den Rezepturen, also scheint die Idee des Oxymels irgendwo in der Geschichte vergessen worden zu sein.

Die Naturpädagogin und Expertin für Wildpflanzen sowie historische Naturheilkunde, Gabriela Nedoma, hat diesen vergessenen Schatz der Naturheilkunde wiederentdeckt. Seither ist diese Methode, wertvolle Inhaltsstoffe aus Pflanzenteilen auszuziehen, am Vormarsch.

Oxymele sind wohlschmeckend und auch für Kinder geeignet, sie können löffelweise oder mit Wasser aufgespritzt genossen werden und sind erfrischend und belebend.

> Abfüllen sollte man Oxymel bevorzugt in Braunflaschen oder anderen dunklen Flaschen mit Schraubverschluss. Die Haltbarkeit ist hier mit 6 Monaten angegeben. Haltbar ist das Oxymel bis zu einem Jahr, es empfiehlt sich jedoch eine Konsumation innerhalb der angegebenen Zeit, da die Inhaltsstoffe sich mit zunehmendem Alter verflüchtigen.
>
> Oxymele können keinen Arztbesuch ersetzen, aber sie wirken präventiv und unterstützend!

Rezepte für Oximel-Varianten mit Holunder

Holunderblüten- ERKÄLTUNGSOXYMEL

Dieses Oxymel kann vorbeugend zur Immunstärkung vor der Erkältungszeit getrunken werden, hierfür mischt man 3 EL Oxymel mit 250 ml Wasser und trinkt dies einmal täglich. Im Akutfall wirkt es fiebersenkend und beruhigend bei Husten und Schnupfen. Es sollte dreimal täglich wie oben beschrieben getrunken werden.

ZUTATEN FÜR 600 ML

250 ml Honig (Blütenhonig, Akazienhonig)
250 ml Bio-Apfelessig
2 Handvoll abgerebelte frische Holunderblüten
1 Handvoll Lindenblüten (optional)
1 Stück frischer Ingwer (ca. 2 cm), gehackt

ZUBEREITUNG

❀ Honig und Essig verrühren, bis der Honig sich völlig aufgelöst hat. Blüten und Ingwer zugeben, das Glas verschließen und mit dem Herstellungsdatum beschriften. 3–4 Wochen kühl und vor direkter Sonne geschützt ziehen lassen, alle zwei Tage durchschütteln. Darauf achten, dass die Blüten mit der Flüssigkeit bedeckt sind! Während dieser Zeit lösen sich die wertvollen Inhaltsstoffe der Zutaten und gehen in die Flüssigkeit über.

❀ Danach durch ein Tuch abseihen und abfüllen, mit dem Abfülldatum beschriften, kühl und dunkel lagern (Haltbarkeit etwa 6 Monate).

Tipp *Ich genieße Holunderoxymel, ob von Beeren oder Blüten, gerne aufgespritzt mit Wasser. Sehr gut schmeckt es auch mit Buttermilch oder Kefir gemixt, in Smoothies oder als Säuregeber in Obstsalaten. Einige Esslöffel Holunderblütenoxymel, verrührt mit etwas Olivenöl und Zitronensaft, ergeben ein schmackhaftes und gesundes Salatdressing. Mit Sekt aufgegossenes Oximel ergibt einen außergewöhnlichen Aperitif!*

PURPURFARBENES Holunderbeerenoxymel

Für dieses dunkle, gehaltvolle Oxymel passen Balsamicoessig und eine herbe Honigsorte mit leichten Bitternoten wunderbar. Die Beeren werden mit dem Essig kurz erhitzt, da in ihnen das Glykosid Sambunigrin enthalten ist. Dieses setzt beim Verzehr der rohen Beeren giftige Blausäure frei, welche aber durch Erhitzen unschädlich gemacht wird.

Das Oxymel versorgt mit Vitamin C, wirkt immunstärkend, harntreibend und entzündungshemmend. Verantwortlich für diese Wirkung ist der sekundäre Pflanzenstoff Sambucyanin, ein violetter Farbstoff, dem die Holunderbeere ihre dunkle Farbe verdankt.

ZUTATEN FÜR CA. 600 ML

300 ml Balsamicoessig
120 g reife Holunderbeeren
200 ml Honig (Kastanienhonig, Waldhonig)
1 Prise Zimt

ZUBEREITUNG

❀ Balsamicoessig und Holunderbeeren einige Minuten auf 80 °C erhitzen. Vom Herd nehmen, etwas abkühlen lassen, Honig und Zimt einrühren und in ein etwa 600 ml fassendes Glas füllen, verschließen und mit dem Abfülldatum beschriften. Das Glas vier Wochen hell, aber vor direkter Sonne geschützt stehen lassen, alle paar Tage durchschütteln.

❀ Das Oxymel durch ein feines Sieb oder Tuch abgießen und abfüllen, wiederum mit dem Abfülldatum beschriften, kühl und dunkel lagern (Haltbarkeit 6 Monate).

Tipp *Die abgesiebten Beeren eignen sich wunderbar als Marinade, zum Beispiel für den Graved Lachs mit Holundermarinade (Rezept siehe S. 150), man kann auch (wie bei Medizin) täglich einen TL davon konsumieren, bis sie aufgebraucht sind.*

Holunderbeeren- HAGEBUTTEN-OXYMEL

Auch dieses Oxymel wirkt immunstärkend, besonders deshalb, da die Hagebutten nicht erhitzt werden und somit der Vitamin-C-Gehalt unangetastet bleibt.

ZUTATEN FÜR CA. 1 LITER

500 ml Apfelessig
200 g tiefgefrorene Holunderbeeren
300 ml Honig
200 g frische Hagebutten, sie sollten noch nicht weich sein

ZUBEREITUNG

- Apfelessig mit Holunderbeeren einige Minuten auf 80 °C erhitzen, lauwarm abkühlen lassen, den Honig einrühren und auflösen. Die Hagebutten mit einem Messer oder im Blitzhacker grob zerkleinern und zur Essigmischung geben. Den Ansatz in das Glas füllen, verschließen und mit dem Abfülldatum beschriften. 4 Wochen an einem hellen Platz ziehen lassen.
- Danach durch ein mit einem Tuch ausgelegtes Sieb seihen, um die feinen Härchen der Hagebutten auszufiltern. In eine Flasche füllen und mit dem Abfülldatum beschriften. Kühl und dunkel lagern (Haltbarkeit etwa 6 Monate).

Tipp *Dieser Auszug ist reich an Vitamin C und eignet sich für eine immunstärkende Kur in den kalten Monaten, ich trinke gerne in der Früh nach dem Aufstehen ein Glas Wasser mit zwei Esslöffeln dieses Oxymels.*

HOLUNDER IN DER NATURKOSMETIK

Schön mit Holunder

Holunder hilft nicht nur bei so manchen Beschwerden, er ist auch gut für die Haut. Meist ist ein Ölauszug aus Holunderblüten die Grundlage für die Herstellung von Heilsalben, Cremes und anderen Kosmetikprodukten. Der Ölauszug kann auch pur als Hautöl verwendet werden. Es pflegt besonders bei sehr rauer, strapazierter und schuppiger Haut, wirkt entzündungshemmend und hautberuhigend. Bei Sonnenbrand oder Brandwunden auf die betroffenen Stellen aufgetragen, lindert das Öl die Schmerzen und entspannt die geröteten Hautpartien.

In der traditionellen Hautmedizin vergangener Jahrhunderte wurde dieser Ölauszug gerne bei „Krätze“ angewendet. Diese parasitäre Hauterkrankung, die es auch heute noch gibt, trat besonders dort auf, wo viele Menschen auf engem Raum unter fragwürdigen hygienischen Bedingungen zusammenlebten.

HOLUNDERBLÜTEN-
Ölauszug in Mandelöl

ZUTATEN

100 ml kaltgepresstes Bio-Mandelöl
3 Holunderblütendolden

70%iger Alkohol zum Sterilisieren des Glases
1 kleines Glas mit Schraubverschluss (ca. 150 ml)

ZUBEREITUNG

❀ Die Holunderblüten von den dicken Stielen schneiden und ein paar Stunden antrocknen lassen, sodass überschüssige Feuchtigkeit entweichen kann. Diese könnte die Haltbarkeit des Öles verringern.

❀ Das Glas, den Deckel und einen Löffel mit dem Alkohol sterilisieren, am besten füllt man den Alkohol in eine Sprühflasche und besprüht alles gründlich, danach nicht mehr ins Glas greifen.

❀ Die angetrockneten Blüten in das Glas geben, mit dem Löffel etwas niederdrücken und mit Mandelöl auffüllen (das Glas sollte ganz voll und die Blüten komplett mit Öl bedeckt sein). Stehen sie über die Öloberfläche hinaus, so kann sich Schimmel bilden und der Ansatz müsste entsorgt werden.

❀ Das Öl vier Wochen an einer nicht direkt von der Sonne beschienenen Fensterbank stehen lassen, immer wieder sanft schütteln und kontrollieren, dass die Blüten nicht aus dem Öl ragen!

❀ Nach vier Wochen durch ein Tuch abseihen (es müssen alle Pflanzenteile aus dem Öl gefiltert werden, sonst besteht erneut Schimmelgefahr).

Tipp *Der Holunder-Ölauszug sollte kühl und dunkel gelagert und innerhalb von sechs Monaten verbraucht werden. Er kann nun zur Herstellung eigener Kosmetikprodukte dienen, aber auch direkt als Pflegeöl auf gereizte, rissige Hautpartien aufgetragen werden.*

Erwähnt sei hier auch das Holundersamenöl, welches durch Kaltpressung in einer Ölpresse durch Auspressen der Holundersamen gewonnen wird. Wie das Blütenöl wirkt es abschwellend, beruhigend und entzündungshemmend und wird sowohl in der Medizin als auch in der Kosmetik verwendet.

Holunderblüten-
LIPPENBALSAM FÜR SPRÖDE LIPPEN

Der Lippenbalsam mit feuchtigkeitsspendendem Holunderblüten-Ölauszug macht spröde Lippen wieder zart und schützt im Winter gegen Kälte. Das Bienenwachs gibt die nötige Konsistenz und pflegt zusätzlich. Sheabutter wird aus der Nuss des afrikanischen Sheabaumes gewonnen und wirkt rückfettend und beruhigend.

ZUTATEN FÜR CA. 60 ML

25 g Holunderblüten-Ölauszug
(Zubereitung siehe linke Spalte)
10 g Sheabutter
6 g Bienenwachs
4 Tropfen Karottensamenöl (optional; dieses Öl wirkt besonders beruhigend auf gereizte, strapazierte Haut!)

1 kleiner Cremetiegel mit Deckel (zur Sterilisation mit 70%igem Alkohol aussprühen, Sauberkeit ist oberstes Gebot)
1 kleiner Schneebesen
1 kleiner Topf

ZUBEREITUNG

❀ Holunderblütenöl, Sheabutter und Bienenwachs in den Topf geben und bei schwacher Hitze schmelzen. Etwas abkühlen, wenn gewünscht das Karottensamenöl zugeben, dann mit dem Schneebesen kräftig kalt rühren, so wird der Balsam schön cremig. Abfüllen und mit dem Abfülldatum beschriften (Haltbarkeit etwa 3 Monate).

Holunderblüten-Handcreme

FÜR STRAPAZIERTE HÄNDE

Holunderblüten-Ölauszug wirkt entzündungshemmend, feuchtigkeitsspendend, heilt rissige, schuppige Stellen und beruhigt gereizte Haut. Daher ist eine pflegende Creme mit Holunderblütenöl die beste Wahl für raue Hände, besonders im Winter! Diese reichhaltige Creme ist eine „Wasser in Öl"-Emulsion und schon etwas aufwendiger herzustellen als der Lippenbalsam.

Das Rezept besteht aus drei „Phasen", die unter genau einzuhaltenden Bedingungen und Temperaturen vermischt werden müssen. Die Mühe lohnt sich aber auf jeden Fall, denn das Ergebnis ist eine wertvolle natürliche Pflegecreme aus eigener Herstellung! Die benötigten Zutaten halten sich zumindest ein Jahr und können somit auch für weitere Kosmetikprodukte verwendet werden. Oftmals werden selbst gemachte Kosmetikprodukte ohne Konservierungsstoff abgefüllt und sind dann höchstens 3 Monate haltbar. Ich weiß jedoch aus eigener Erfahrung, wie ärgerlich es ist, wenn so ein wertvolles Produkt dann ranzig wird und nicht mehr zu verwenden ist. Und es ist von der Menge her fast unmöglich, nur die Füllung für einen einzigen Salbentiegel zuzubereiten. Deshalb füge ich einige Tropfen ROKONSAL zum fertigen Produkt hinzu, dieses Konservierungsmittel setzt sich aus einigen naturidentischen Komponenten zusammen, ist mild, sehr gut hautverträglich und für die Naturkosmetik zugelassen. Damit werden die wertvollen Produkte ein Jahr haltbar!

ZUTATEN FÜR 2 SALBENTIEGEL À 120 ML

PHASE A: ÖLPHASE

40 g Holunderblüten-Ölauszug
40 g Jojobaöl*
10 g Sheabutter
10 g Bienenwachs
20 g Lanolin anhydrid**

Tipp

** Jojobaöl kann auch durch Mandelöl oder Traubenkernöl ersetzt werden, Jojobaöl hat den Vorteil, dass es nicht ranzig wird!*

*** Lanolin wird nach dem Schafscheren aus den Talgdrüsen der Schafe gewonnen, es ist sehr pflegend bei schuppiger, strapazierter, reiferer Haut.*

PHASE B: WASSERPHASE

80 g frisch aufgebrühter, abgeseihter Holunderblütentee

PHASE C: HALTBARKEIT, STABILITÄT, DUFT, VITAMINE

1 g Xanthan*, vor Zugabe in 1 TL Ethanol aufgelöst
10 Tropfen Vitamin E (gut für die Zellneubildung, optional)
10 Tropfen Rokonsal**
3–5 Tropfen ätherisches Öl (Holunderblütenöl, Veilchenöl, Rosenblütenöl ..., optional)

2 kleine Töpfe
Zuckerthermometer
Pürierstab
2 kleine Salbentiegel mit Deckel und 1 Löffel (müssen zur Sterilisation mit 70%igem Alkohol ausgesprüht werden!)

Tipp ** Xanthan wirkt stabilisierend und verdickend, es wird in Ethanol (Weingeist 96,3 %, erhältlich in der Apotheke) etwas angerührt.*
*** Rokonsal ist ein optional zu verwendendes Konservierungsmittel, das ich aber dringend empfehle.*

ZUBEREITUNG

❀ Alle Zutaten für Phase A in den einen Topf geben, den Tee von Phase B in den anderen.
❀ Beide Topfinhalte sanft erhitzen, alle Fette in Phase A müssen schmelzen. Nun kommt der Thermometer zum Einsatz: Beide Phasen müssen unbedingt, bevor sie gemischt werden, die gleiche Temperatur aufweisen, nämlich etwa 60 °C (bei dieser Temperatur schmilzt das Bienenwachs), das ist entscheidend!
❀ Ist dieser Zustand gegeben, den Pürierstab in den Topf mit der Ölphase halten, die Wasserphase dazugeben und einschalten. Nun mixen, bis beide Massen cremig verbunden sind. Während die Creme abkühlt, geht sie von der flüssigen Konsistenz in die cremige über. Der Mixvorgang kann etwa 10 Minuten dauern, man nennt das „die Masse kaltrühren", man könnte den Topf auch in ein kaltes Wasserbad stellen, dann geht es schneller. Zum Schluss sollte es aussehen wie Mascarponecreme.
❀ Nun von Phase C das Xanthan im Ethanol lösen, zugeben und untermixen, zuletzt kommen Rokonsal, Vitamin E und ätherisches Öl hinzu. Nochmals kurz mixen, in die Tiegel füllen, sofort verschließen und mit dem Abfülldatum beschriften.

Tipp *Die Creme am besten am Abend, nach Beendigung aller Arbeiten, sanft einmassieren. Als Kur besonders dick auftragen, dünne Baumwollhandschuhe überziehen und eine Stunde einwirken lassen.*

Rezepte

Nahezu jedes alte Kochbuch enthält Rezepte mit Holunderblüten oder Holunderbeeren. Auch unsere Großmütter und Urgroßmütter haben die Früchte dieses Strauches in der Küche genutzt. Beim Vergleichen der einzelnen Rezepte fällt auf, dass sie in ähnlicher Form in den verschiedenen Büchern immer wiederkehren, was wohl belegt, dass sie von Generation zu Generation überliefert wurden und werden.

Klassiker wie Hollerröster, Hollermus oder -kompott, Holunderblüten in Backteig und Holundermilch kommen wiederholt in leicht abgewandelter Form vor, in volksheilkundlichen Büchern sind vor allem Holunderbeerensaft und Holunderblütentee immer wieder zu finden.

Diese altbewährten Zubereitungen dürfen natürlich in einem Holunderbuch nicht fehlen, dennoch denke ich, dass uns dieser wundervolle Strauch mit seinen aromatischen Blüten und gesunden Beeren mehr zu bieten hat. Ganz besonders faszinierend ist für mich die Herstellung eigener Produkte für die Vorratskammer, sei es nun Ketchup, Chutney, Balsamessig, Marmelade (Konfitüre) mit Chili, aromatisierter Zucker oder eine Salzmischung. Wenn ich dann unterm Jahr diese haltbar gemachten, eigenen Holunder-Schätze als Zutaten für vielerlei Rezepte verwende, wird aus jedem Alltagsgericht etwas Besonderes!

Mit meinen Rezepten abseits der Klassiker möchte ich Sie anregen, in der Küche ebenfalls kreativ und mutig zu sein, auch einmal etwas Neues zu probieren oder Altbewährtes abzuwandeln.

Hollunder. Die abgezupften Beeren dünstet man mit Zucker, Zimmt, Gewürznelken und Limonenschalen. Man kann auch, wenn die Beeren halbweich sind, würfelig geschnittene, mit Butter geröstete Semmel dazugeben oder 1 Löffel Stärkemehl oder Maizena mit kaltem Obers absprudeln und darunter mischen. Man serviert es lauwarm.

Gebackene Hollunder-Blüten.

Dolden von Hollunder (Holler) taucht man mehrmals in Wasser, legt sie zum Trocknen auf ein Tuch und taucht dann eine nach der anderen in Schmarn- oder Bier-Teig (Seite 68 und 69), bäckt sie in heißem Rindschmalz, ohne sie umzukehren, häuft sie, wenn alle gebacken sind, mit den Stengeln nach aufwärts auf die Schüssel und bestreut sie mit Zucker.

Hollerröster.

Der Holler (Holunder) wird von den Stengeln genommen, gewaschen und mit viel Zucker in einer Rein aufs Feuer gestellt, man läßt ihn ziemlich dick einkochen und nimmt dann auf 1½ Liter Holler ungefähr 1 Deziliter Milch und rührt diese wie zu einem Kindskoch mit einem kleinen Kochlöffel voll Mehl ab und schüttet sie in den kochenden Holler, während man ihn rührt, bis er gut aufgekocht hat.

1231. Holunderkompott mit Zwetschgen.

1 kg Beeren, 1 kg Zwetschgen, 300—500 g Zucker, Wasser oder Wein, etwas Zimtpulver.

Die Beeren läßt man in dem aufgekochten Zuckerwasser einige Male aufwallen und streicht sie dann durch ein feines Sieb. Indessen dünstet man die entsteinten, halbierten Zwetschgen mit ganz wenig Wasser nur soweit weich, daß sie noch ganz bleiben. Diese gibt man nun in eine Glasschüssel, gießt das Holundermark darüber und stellt das Ganze kühl. Nach Belieben kann man es beim Anrichten mit falschem oder echtem Schlagobers garnieren.

❀ Von oben nach unten: Holunderkompott aus „Die Süddeutsche Küche" von Katharina Prato, 1901

❀ Gebackene Holunderblüten aus „Die Süddeutsche Küche" von Katharina Prato, 1901

❀ Hollerröster aus „Kochbuch" von Marie Marbler, 1920

❀ Holunderkompott mit Zwetschken aus „So kocht man in Wien" von Rudolf Rösch, 1939

1381. Ausbackteig II mit Wein.

120 bis 150 g Mehl, ⅛ l Weißwein, 1—2 Eier, die Klar zu Schnee, eine Prise Salz, 60—70 g Zucker.

Bereitung wie Ausbackteig I.

1396. Gebackene Hollerstrauben (Holunderblüten).

Ausbackteig II; schöne Blütendolden, Zucker, Fett.

Die Blüten werden ausgeschüttelt, damit nicht etwa irgend ein Insekt darin verborgen ist, taucht sie dann in den Teig, läßt sie ein wenig abtropfen und bäckt sie in Fett schwimmend schön gelb.

1230. Holundermilch mit Honig.

1 kg Beeren, ¼—1 l Milch oder Kaffeeobers, Honig nach Geschmack.

Die gut reifen, rohen Beeren werden durch ein feines Sieb gestrichen, mit Honig gesüßt und dann unter die Milch oder das Obers geschlagen. Man stellt die Milch kühl und reicht sie in Gläsern. Sie stellt besonders für Kranke und Blutarme ein wundervolles Kräftigungsmittel dar.

Holunder- (Flieder-) und Lindenblütentee.

sind beide schweißtreibend und besonders bei Verkühlungen angerühmt. Die Bereitung geschieht in gleicher Weise wie der vorherbeschriebene. Diese Tees brauchen jedoch nur abgeseiht zu werden. Ein Zusatz von etwas Zitronensaft wirkt noch schweißtreibender.

für 4 Personen **132. ★ Vanille- und Holundermilchkaltschale**

1 Dolde Holunderblüten oder Vanille
1 l Milch
1 Eßl. Zucker
1 Eßl. Maizena
1 Eigelb

Die Milch zum Kochen bringen ★ Mit Vanille würzen oder die Holunderblüten 5 Minuten darin ziehen lassen ★ Mit dem Zucker abschmecken und das mit Milch vermengte Maizena einrühren ★ 3 Minuten kochen und mit dem Eigelb legieren ★ Gut erkaltet servieren

❀ Ausbackteig II mit Wein und Gebackene Hollerstrauben aus „So kocht man in Wien" von Rudolf Rösch, 1939

❀ Holundermilch mit Honig aus „So kocht man in Wien" von Rudolf Rösch, 1939

❀ Holundertee aus „Kochbuch" von Marie Marbler, 1920

❀ Vanille- und Holundermilchkaltschale aus „Das Kochbuch" von Elizabeth Schuler, 1953

Holunder-Limetten-Sirup

Für den klassischen Holunderblütensirup werden meist Zitronenscheiben zum Ansetzen verwendet. Ich finde, dass jedoch Limetten dem Sirup einen ganz besonderen Geschmack verleihen. Für den Ansatz benötigt man ein Einmachglas mit einem Fassungsvermögen von etwa 3 Litern, zwei Töpfe, weiters ein großes Sieb und ein dünnes Baumwolltuch zum Abgießen und Flaschen in beliebiger Größe mit Schraubverschlüssen zum Abfüllen.

ZUTATEN FÜR ETWA 2,5 LITER

1,5 l Wasser
1 kg Feinkristallzucker
4 Bio-Limetten
1 EL Zitronensäure
15 Holunderblütendolden, dickere Stiele abgeschnitten

- Wasser und Zucker aufkochen, 2 Limetten in Scheiben schneiden, von den übrigen 2 Limetten den Saft auspressen, beides in das Rexglas geben, ebenso die Zitronensäure.
- Das heiße Zuckerwasser in das Gefäß gießen, völlig abkühlen lassen, zuletzt die Blütendolden dazugeben (gießt man heißes Wasser über die Dolden, werden sie braun!).
- Einmal umrühren, den Deckel locker auflegen und den Sirup 48 Stunden durchziehen lassen.
- Das Sieb mit dem Tuch auslegen, Sirup durch das Tuch in einen Topf abgießen. Noch einmal kurz aufkochen und heiß in sterilisierte Flaschen füllen. Kühl lagern und innerhalb von 6 Monaten verbrauchen.

Holunder-Himbeer-Sirup

Eine weitere fruchtig-blumige Sirup-Alternative ist die Kombination von Holunderblüten mit Himbeeren. Für den Ansatz benötigt man ein Einmachglas mit einem Fassungsvermögen von etwa 2,5 Litern, zwei Töpfe, weiters ein großes Sieb und ein dünnes Baumwolltuch zum Abgießen und Flaschen in beliebiger Größe mit Schraubverschlüssen zum Abfüllen.

ZUTATEN FÜR ETWA 2,5 LITER

1,5 l Wasser
1 kg Feinkristallzucker
ca. 250 g frische oder TK-Himbeeren
1 EL Zitronensäure
1 EL echter Vanillezucker
15 Holunderblütendolden, dickere Stiele abgeschnitten

- Wasser und Zucker aufkochen. Himbeeren und Zitronensäure sowie Vanillezucker in das Glas geben, mit dem heißen Wasser übergießen, völlig abkühlen lassen. Blütendolden dazugeben, umrühren, Deckel lose auflegen und 48 Stunden durchziehen lassen.
- Ein großes Sieb mit einem dünnen Tuch auslegen, Sirup durch das Tuch in einen Topf abgießen. Noch einmal kurz aufkochen und heiß in sterilisierte Flaschen füllen. Kühl lagern und innerhalb von 6 Monaten verbrauchen.

Holunder-
Giersch-
Sirup mit
Ingwer

Holunderblütensirup

MIT GIERSCHBLÜTEN, INGWER UND ZITRONENMELISSE

Holunder und Giersch blühen zur selben Zeit, es ist also naheliegend, beide Blüten in einem Sirup zu vereinen. Der Ingwer gibt eine leichte Schärfe, die Zitronenmelisse liefert zitronige Frische. Für den Ansatz benötigt man ein Einmachglas mit einem Fassungsvermögen von etwa 4–5 Litern, einen Topf, weiters ein großes Sieb und ein dünnes Baumwolltuch zum Abgießen und Flaschen mit Schraubverschlüssen zum Abfüllen (kleine Flaschen sind zu bevorzugen, da der angebrochene Sirup schnell verbraucht werden sollte).

ZUTATEN

2 Liter Wasser
1 kg Sirupzucker
10 Holunderblütendolden
15 Gierschblütendolden
ca. 8 Scheiben frischer, geschälter Ingwer
5 Zweige Zitronenmelisse

- Wasser und Zucker aufkochen, den Zucker völlig auflösen, in das vorgewärmte, sterilisierte Glas gießen und abkühlen lassen. Blüten, Ingwer und Melisse zugeben, gut durchmischen und zugedeckt 24 Stunden durchziehen lassen.
- Den Sirup durch ein mit Tuch ausgelegtes Sieb in einen Topf abgießen, noch einmal aufkochen und heiß in sterilisierte Flaschen füllen.

Tipp *In dieser Kombination lässt sich auch ein leckeres aromatisiertes Wasser, in der Foodszene „Infused Water" genannt, zubereiten. Dazu 5 Holunderblütendolden und 5 Gierschblütendolden mit 2 Scheiben Bio-Zitrone in einen 1-Liter-Krug geben, etwas Zucker (nach Belieben) in 1 Liter Wasser auflösen, über die Blüten gießen und den Ansatz über Nacht ziehen lassen, unverdünnt genießen.*

Holunderblütenzucker

Wertvolle Kräuter und Blüten wie eben z. B. Holunderblüten lassen sich wunderbar in Zucker haltbar machen, der Zucker nimmt die Aromen und Inhaltsstoffe auf und konserviert zugleich. Für die Zubereitung benötigt man einen Blitzhacker.

ZUTATEN FÜR CA. 200 G

200 g Kristallzucker
5 EL frische, abgerebelte Holunderblüten

Tipp *Holunderblütenzucker schmeckt wunderbar auf warmen Süßspeisen wie Kaiserschmarren oder Palatschinken, aromatisiert Kuchenteig oder verfeinert Getränke und Bowlen.*

- Den Kristallzucker und die Blüten in den Blitzhacker oder Standmixer geben und mit der Pulsfunktion ein paarmal kurz mixen, bis sich der Zucker mit den Blüten vermischt hat und die Masse leicht feucht und gelblich ist. Nicht zu lange mixen, sonst hat man Staubzucker!
- In eine kleine, flache, mit Backpapier belegte Form füllen, mit Frischhaltefolie bedecken und über Nacht durchziehen lassen. So kann der Zucker das Holunderaroma gut aufnehmen.
- Danach einige Tage trocknen lassen (oder im Dörrgerät bei 35° C einige Stunden).
- Zuletzt den Zucker noch einmal kurz im Blitzhacker mixen, da sich durch die Feuchtigkeit der Blüten Klumpen bilden. Den Zucker kühl, trocken und aromageschützt aufbewahren.

Holunderblüten-„Würfelzucker"

Würfelzucker oder beliebige andere Zuckerstücke kann man herstellen, indem man den Zucker in kleine Förmchen presst – in diesem Fall habe ich eine Pralinenform aus Silikon für 12 Stück verwendet – die Zuckerstücke in Form kleiner Herzchen sehen besonders hübsch aus!

ZUTATEN FÜR CA. 200 G

200 g Kristallzucker
5 EL frisch gerebelte Holunderblüten
1 EL Holunderblütensirup

Tipp *Dieser Zucker sollte zu einem guten Kräuter- oder Früchtetee gereicht werden, das ist in jedem Fall ein Hingucker. Die Zuckerpralinen sind auch ein tolles Geschenk!*

- Alle Zutaten in einen Blitzhacker geben und mit der Pulsfunktion einige Male durchmixen. Diese Masse ist feuchter als der Blütenzucker, da die Zuckerkristalle ja miteinander verkleben sollen.
- Die Masse in die Mulden der Pralinenform füllen, gut mit einem Löffelrücken andrücken, damit der Zucker zusammenhält.
- Über Nacht mit Frischhaltefolie bedeckt durchziehen lassen, danach im Dörrgerät oder Backofen bei 40 °C 8–10 Stunden trocknen.
- Die völlig getrockneten „Pralinen" aus der Form lösen und geschützt vor Feuchtigkeit in einem gut schließenden Glas aufbewahren.

HOLUNDER BLÜTEN ZUCKER
HOLUNDER BLÜTEN WÜRFEL ZUCKER

Knusper-Backofen-Müsli

MIT NÜSSEN UND HOLUNDERBLÜTEN

Fertige Müslimischungen stecken voller Zucker, manchmal werden auch Geschmacksverstärker zugefügt. Wer seine Müslimischung selbst macht, weiß genau, was drinnen ist und kann nach Lust und Laune seine liebsten Nüsse und Trockenfrüchte untermischen.

ZUTATEN FÜR EIN GROSSES VORRATSGLAS (CA. 1,5 LITER FASSUNGSVERMÖGEN)

4 EL Bio-Kokosöl
100 ml Honig oder Ahornsirup
50 ml Holunderblütensirup (Rezept siehe S. 86)
200 g Haferflocken
150 g Walnüsse, grob gehackt
100 g Cashewnüsse, grob gehackt
50 g Sonnenblumenkerne
4 EL getrocknete Holunderblüten
200 g Trockenfrüchte nach Wunsch (Rosinen, Cranberrys, Sauerkirschen, Aprikosen ...)

Tipp *Dieses Müsli ist ein hochwertiges Frühstück, sehr gut schmeckt es einfach über Naturjoghurt gestreut. Die knusprigen Cluster eignen sich aber auch pur als Snack zwischendurch oder als Fernsehknabberei!*

- Kokosöl, Honig und Holunderblütensirup in einem großen Topf bei mittlerer Hitze schmelzen.
- Haferflocken, Nüsse und Sonnenblumenkerne in den Topf geben und gut mit den flüssigen Zutaten mischen. Den Backofen auf 160 °C Umluft vorheizen.
- Ein tiefes Backblech mit Backpapier belegen, die Müslimasse flach darauf verteilen und etwas andrücken.
- 20 Minuten backen, dann aus dem Ofen nehmen, die Masse so gut wie möglich in kleinen Teilen wenden, erneut gut andrücken und weitere 15 Minuten backen. Alles soll schön gebräunt, aber nicht zu dunkel werden.
- Das Blech aus dem Ofen nehmen und die Müsliplatte völlig erkalten lassen, dabei wird sie fest und knusprig. Die abgekühlte Masse in kleine Stücke (Cluster) zerteilen und mit den Holunderblüten und Trockenfrüchten mischen.
- In ein sehr gut schließendes Vorratsglas füllen (solange keine Feuchtigkeit dazu kommt, bleibt das Müsli knusprig). Innerhalb von 6 Wochen verbrauchen.

ERDBEERGELEE mit Holunderblüten

Erdbeeren und Holunderblüten liefert uns die Natur zur selben Zeit, daher sind sie eine tolle Kombination. Die Erdbeeren für dieses Gelee sollten sehr reif und geschmacksintensiv sein, Erdbeeren aus dem Supermarkt erfüllen diese Kriterien meist nicht. Selbst geerntete Früchte vom Feld, aus dem eigenen Garten oder vom Bauernmarkt sorgen für ein perfektes Ergebnis.

ZUTATEN FÜR 4 GLÄSER À 150 ML

600 g Erdbeeren, entstielt und geviertelt
600 ml Wasser
6 Holunderblütendolden
ca. 30 ml Holunderblütensirup
350 g 2:1 Gelierzucker
4 EL abgerebelte Holunderblüten

- Die Erdbeeren mit dem Wasser in einen Topf geben, einmal aufkochen und von der Herdplatte ziehen, abkühlen lassen.
- Die Blütendolden hinzufügen, den Topf zudecken und alles etwa 5 Stunden ziehen lassen.
- Ein großes Sieb über eine Schüssel hängen, mit einem Durchseihtuch auslegen, den Topfinhalt hineingießen und die Flüssigkeit durchsickern lassen. Nicht pressen, sonst wird das Gelee trüb!
- Den Saft abmessen (die Menge ergibt ca. 570 ml Erdbeersaft), diese Menge nun mit Holunderblütensirup (siehe Rezept S. 86) auf 600 ml verlängern.
- Die Flüssigkeit wieder in den Topf gießen, mit dem Zucker verrühren, aufkochen und 3 Minuten köcheln lassen.
- Das Gelee vom Herd nehmen, etwas abkühlen lassen, die Blüten einrühren und das Gelee noch heiß in sterilisierte Gläser füllen.
- Das Gelee am besten innerhalb von 4 Monaten verbrauchen, danach verliert es die schöne Farbe, obwohl es immer noch hervorragend schmeckt!

Holunderblüten-
WEINGELEE MIT ROSA PFEFFERBEEREN

Dieses ungewöhnliche Gelee passt ebenso gut zur Käseplatte wie auf ein morgendliches Kipferl. Auf die rosa Pfefferbeeren im Rezept sollte nicht verzichtet werden, sie geben ein ganz spezielles Aroma!

ZUTATEN FÜR 3 GLÄSER À 180 ML

50 ml Holunderblütensirup (Rezept siehe S. 86)
250 ml Wasser
200 ml Weißwein
60 g frisch abgerebelte Holunderblüten
ca. 220 g Gelierzucker 2:1
rosa Pfefferbeeren, im Mörser etwas zerstoßen

- Sirup, Wasser und Wein in einem großen Glas mit Deckel mischen, die Blüten einrühren, das Glas zumachen und 24 Stunden stehen lassen. Dann durch ein feines Sieb oder Tuch abgießen und die Flüssigkeit abwiegen (es sind in etwa 400 g), weil sich die Zuckermenge nach dem Gewicht der Flüssigkeit richtet. Und zwar wird das halbe Gewicht plus etwa 10 % Zucker benötigt (hier also 220 g).
- Gelierzucker und Flüssigkeit mischen, aufkochen und 3 Minuten köcheln.
- Zuletzt die rosa Pfefferbeeren hinzufügen und das Gelee in kleine Gläschen abfüllen.

Tipp *Gelierzucker 2:1 bedeutet generell, dass z. B. 1000 g Früchte mit 500 g Zucker gemischt werden. Handelt es sich jedoch nicht um Fruchtpüree oder Fruchtstücke, sondern um eine Flüssigkeit, so benötigt man etwas mehr Zucker als das halbe Gewicht der Flüssigkeit zum Gelieren.*

Holunderblüten-Limetten-Essig

Dieser blumige, frische Essig passt wunderbar zu leichten sommerlichen Blattsalaten, Wildkräutersalaten und Blütensalaten, zu Gurkensalat, zu Fenchelgerichten, zum Marinieren von Fisch oder Geflügel. Für die Zubereitung benötigt man ein etwa 750 ml fassendes Glas mit Deckel, ein feines Sieb oder ein dünnes Tuch zum Filtern sowie eine sterilisierte 500-ml-Flasche (oder zwei 250-ml-Flaschen) mit Schraub- oder Bügelverschluss zum Abfüllen.

ZUTATEN FÜR 500 ML ESSIG

1 Bio-Limette
2 EL rosa Pfefferbeeren
6–8 Holunderblütendolden
500 ml Bio-Weißweinessig

- Limette in feine Scheiben schneiden, in das Glas geben. Rosa Pfefferbeeren im Mörser ein wenig zerdrücken, zu den Limetten geben.
- Holunderblüten mit einer kleinen Schere von den grünen Stielen schneiden und in das Glas füllen, etwas andrücken.
- Den Essig über die Zutaten schütten, gut durchmischen, das Glas verschließen und an einem hellen Ort 4 Wochen durchziehen lassen, immer wieder schütteln.
- Danach durch ein feines Sieb oder Tuch filtern, in die Flasche(n) abfüllen, kühl aufbewahren (der Essig ist etwa 1 Jahr haltbar).

Tipp *Der Holunderblüten-Limetten-Essig eignet sich auch wunderbar für die Zubereitung von Sushi-Reis. Üblicherweise wird der gekochte Klebreis mit einer speziellen Reisessig-Mischung mariniert. Anstelle dieses Reisessigs verwende ich gerne den Holunderblüten-Limetten-Essig. Dafür einige EL Holunderblütenessig mit etwas Salz und etwas Zucker verrühren und unter den gekochten Sushi-Reis mischen.*

HOLLER
BLÜTEN
ESSIG

HOLUNDE
BLÜTEN +
KRÄUTER
„SHRUB"
KRÄUTER
„SHRUB"

Holunderblüten-
KRÄUTER-SIRUP MIT ESSIG

Dieses Rezept ist eine Abwandlung des im 19. Jahrhundert sehr beliebten Sirups namens „Shrub“. Dieser „Shrub“ bestand aus Früchten, Essig und Zucker zu gleichen Teilen: Die Früchte wurden in einem Glas mit Essig übergossen, zwei Wochen stehen gelassen, abgeseiht und mit dem Zucker aufgekocht. Das ergab einen spritzigen Sirup, der sehr gerne für alkoholische Cocktails verwendet wurde. Etwas adaptiert ergibt dieser Holunderblüten-Kräuter-Sirup mit Essig – aufgespritzt mit Soda oder einfach Wasser – ein sehr erfrischendes, spritziges, gesundes Sommergetränk. Mit Prosecco aufgegossen hat man einen außergewöhnlichen Aperitif für die Gartenparty!

ZUTATEN FÜR ETWA 1,8 LITER

1 ¼ Liter Wasser
1 kg Sirupzucker oder Kristallzucker
¼ Liter Bio-Apfelessig
8 Holunderblütendolden
gemischte frische Kräuter nach Geschmack, z. B. Minze, Rosmarin, Thymian, Wermut (nur wenig!), Lavendel, Basilikum ...
Rosenblütenblätter (optional)

- Wasser mit Zucker und Essig aufkochen, noch heiß in ein großes, hitzebeständiges Glasgefäß (ca. 2,5 Liter) füllen, abkühlen lassen.
- Holunderblüten von den grünen Stielteilen schneiden und in das Glas geben, ebenso die Kräuter und Blütenblätter. Gut durchrühren, das Glas an einen hellen Platz stellen, aber nicht direkt in die Sonne. 48 Stunden ziehen lassen, dabei einige Male schütteln.
- Durch ein feines Sieb in einen Topf abgießen, erneut aufkochen und heiß in sterilisierte Flaschen füllen.

Tipp *Dieser Sirup ist in ungeöffneten Flaschen bis zu einem Jahr haltbar, er lässt sich daher, vorausblickend auf die kalte Jahreszeit, auch sehr gut mit winterlichen Aromen zubereiten: beim Ansatz Zimt, Kardamom, Gewürznelken und Sternanis zugeben, eventuell auch etwas Orangenschale oder Ingwer. Ein himmlischer Sirup für die Punschsaison!*

Gebackene Holunderblüten
IN PROSECCOTEIG

Ein absoluter Klassiker und ein Muss zur Holunderblütenzeit: gebackene Holunderblüten kennen viele noch aus Großmutters Küche, in Österreich nennt man sie auch Hollerstrauben, Hollerkrapferl oder Hollerküchle. Für den Backteig gibt es vermutlich so viele Rezepte wie es Großmütter gibt. Das Ausbacken in Fett ist zwar nicht die gesündeste Art, die zarten Blüten zuzubereiten, aber Hollerstrauben schmecken himmlisch, und die Saison der Blüten ist ja nur kurz!

ZUTATEN

2 große Eier
2 EL Zucker
1/8 l Milch
1/8 l Prosecco
200 g glattes Mehl
10–12 Dolden Holunderblüten (nicht waschen!)

Butterschmalz zum Ausbacken

- Eier und Zucker etwas schaumig rühren, Milch und Prosecco zugeben und untermischen, zuletzt das Mehl einrühren (der Teig sollte recht flüssig sein).
- In einer Pfanne so viel Butterschmalz erhitzen, dass dieses etwa 10 mm hoch den Boden bedeckt. Das Fett nicht zu sehr erhitzen, damit der Teig nicht zu dunkel wird!
- Die Holunderdolden nacheinander in den Backteig tauchen, am Stiel festhalten und etwas abtropfen lassen, dann in die Pfanne mit dem erhitzten Fett geben und goldbraun frittieren (beim Hineinlegen die Strauben am Stiel nach unten drücken, sodass sie möglichst flach in der Pfanne liegen).
- Auf Küchenpapier legen, mit Staubzucker bestreut noch warm servieren.

Tipp *Wer für Kinder kocht und Bedenken wegen des Alkohols hat, kann diesen durch perlendes Mineralwasser ersetzen. Da die Blüten jedoch in einer nicht zugedeckten Pfanne frittiert werden, bleibt vom Alkoholgehalt fast nichts übrig.*

SÜSSER GLUTENFREIER *Frühstücksbrei* MIT BUCHWEIZEN UND HOLUNDERBLÜTEN

Buchweizenbrei (regional auch Grütze genannt) ist ein sehr altes Frühstücksgericht, es hat in den vergangenen Jahrhunderten oft in einer großen Schüssel am bäuerlichen Tisch gestanden und alle haben zugegriffen und sich für den harten Arbeitstag gestärkt. Buchweizen liefert hochwertiges Eiweiß, Vitamine und Mineralstoffe, ist glutenfrei, reich an Ballaststoffen und leicht verdaulich, daher ist es ideal als kraftspendende erste Mahlzeit des Tages! Der zarte Holundergeschmack gibt dem an sich eher erdigen Buchweizengeschmack Frische.

ZUTATEN FÜR ZWEI GROSSE FRÜHSTÜCKSPORTIONEN

600 ml Mandeldrink
3–4 Holunderblütendolden
80 g geschroteter Buchweizen (erhältlich im Reformhaus)
2 EL Pinienkerne
3 EL Honig
3 EL frisch gerebelte Holunderblüten
3 EL Beeren (Erdbeeren, Himbeeren, Johannisbeeren ...)

Beeren, Holunderblüten und Pinienkerne zum Garnieren

- Den Mandeldrink in ein flaches Gefäß schütten und die Blütendolden so in die Milch einlegen, dass die Blüten in der Flüssigkeit liegen und die Stiele nach oben ragen. Über Nacht ziehen lassen, am nächsten Tag die Dolden entfernen.
- Mandeldrink und Buchweizen in einen beschichteten Topf geben, unter Rühren aufkochen und bei sehr kleiner Hitze 10 Minuten zugedeckt garen. Den Brei lauwarm abkühlen lassen.
- Die Pinienkerne kurz trocken in einer Pfanne rösten. Honig, Blüten und Beeren unter den lauwarmen Brei rühren, in einer Schale anrichten, mit einigen Beeren, den Pinienkernen und Holunderblüten garnieren.

Tipp *Dieses Rezept ergibt einen sämigen Brei. Sollte eine dünnere Konsistenz erwünscht sein, so reduziert man einfach die Buchweizenmenge auf 60–70 g. Buchweizenkörner kann man auch selbst im Blitzhacker oder in einer elektrischen Kaffeemühle schroten.*

Holunderblüten-Kokos-Pancakes

Pancakes sind eine Art amerikanische Abwandlung von Böhmischen Dalken, sie sind kleiner und viel dicker als Palatschinken und werden meist zum Frühstück zubereitet.
Man genießt sie pur mit etwas Staubzucker, aber auch mit Marmelade (Konfitüre), Vanilleeis oder etwas Sauerrahm (saurer Sahne) sind sie ein Genuss! Die Holunderblüten im Teig sorgen für eine aromatische Überraschung.

ZUTATEN FÜR ETWA 12 PANCAKES

3 Eier
180 g glattes Mehl
30 g Kokosmehl
20 g Kokosraspel
1 ½ TL Backpulver
40 g Staubzucker
3 EL gerebelte frische Holunderblüten
1 Prise Salz
300 ml Milch (3,5 % Fettgehalt)
50 ml Holunderblütensirup
60 g Butter, geschmolzen

Kokosfett zum Ausbacken

Tipp *In Amerika beträufelt man Pancakes mit Ahornsirup, auch Akazienhonig würde hier sehr gut passen. Als fruchtige Komponente eine Schüssel mit Erdbeeren dazu servieren!*

- Eier trennen, Mehle, Kokosraspel, Backpulver, Staubzucker, Holunderblüten und Salz in eine Schüssel sieben.
- In einer anderen Schüssel Eidotter, Milch, Sirup und geschmolzene Butter mischen und zu den trockenen Zutaten geben. Mit einem Schneebesen kurz vermischen (Pancaketeige nie mehr rühren als nötig!).
- Eiklar zu steifem Schnee schlagen und vorsichtig unter die Masse ziehen.
- Eine kleine Pfanne erhitzen, einen TL Kokosfett zugeben und schmelzen. Einen Schöpfer der Masse hineingeben und gleichmäßig verteilen (Pancakes sollten etwa 10 cm Durchmesser und 1 cm Höhe haben).
- Immer bei mittlerer Hitze arbeiten, sonst bräunt der Teig zu schnell. Nach etwa 2 Minuten, wenn auf der Oberfläche Bläschen zu sehen sind, den Pancake vorsichtig wenden. Die Oberfläche ist noch leicht flüssig, das ist richtig so!
- Noch einmal etwa 2 Minuten braten, auf eine Platte geben, im Backofen bei etwa 70 Grad warm halten. Restlichen Teig auf die gleiche Weise verarbeiten, immer einen neuen Klecks Kokosfett zugeben.
- Zum Servieren die Pancakes mit etwas Staubzucker bestreuen, nach Belieben mit Blüten garnieren.

Gurkensalat
MIT DILL UND HOLUNDERBLÜTEN

Gurkensalat mit Dill ist ein Klassiker, durch die Zugabe von Holunderblüten erhält er eine überraschende Geschmackskomponente. Die zarten Blüten sind ein Hingucker, als erfrischende Beilage zum Grillabend wird dieser Salat die Gäste begeistern.

ZUTATEN FÜR ZWEI PORTIONEN

1 große Gurke
1 Bund frischer Dill
3 EL frisch gerebelte Holunderblüten

Dressing
20 ml milder Weißweinessig oder Holunderblütenessig (Rezept siehe S. 96)
1 EL Holunderblütensirup (Rezept siehe S. 86)
Saft einer halben Zitrone
1 TL Dijonsenf
4 EL Olivenöl
Salz
1 EL frisch gerebelte Holunderblüten sowie einige kleine Dolden zum Garnieren

- Die Gurke in 1 x 1 cm große Würfel schneiden. Den Dill nicht zu fein hacken und einige größere Zweiglein beiseitelegen. Gurkenwürfel, Dill und Holunderblüten in einer Salatschüssel mischen.
- Alle Zutaten für das Dressing in ein Schraubverschlussglas füllen, das Glas verschließen und kräftig schütteln, sodass sich alles gut vermengt.
- Den Salat mit dem Dressing abmachen, mit den restlichen Dillzweigen und Holunderblüten garnieren und frisch genießen.

Tipp *Gurken aus eigenem oder aus biologischem Anbau sollten nicht geschält werden! Diesen Salat nicht zum Durchziehen stehen lassen, sondern möglichst rasch nach dem Abmachen genießen. Die Gurken verlieren sonst ihre knackige Konsistenz, und der Dill und die Blüten welken!*

Wassermelonensalat

MIT ERDBEEREN, HOLUNDERBLÜTEN UND SCHAFSKÄSE

Dieser ungewöhnliche Salat ist eine erfrischende Mahlzeit an heißen Tagen. Obst mit Schafskäse zu kombinieren mag ausgefallen klingen, aber der salzige Käse und die süßen Früchte harmonieren perfekt. Und der leichte Hauch von Holunder bringt den Frühsommer auf den Teller!

ZUTATEN FÜR 2 PORTIONEN

¼ einer mittelgroßen Wassermelone
ca. 400 g Erdbeeren
140 g Schafskäse
2 Handvoll frische grüne Blätter (Rucola, Babyspinat, Blutampfer, Koriandergrün oder Estragon, am besten alles gemischt!)
4 EL gerebelte Holunderblüten

Marinade
4 EL Olivenöl
4 EL Holunderblütenessig (Rezept siehe S. 96)
2 EL Holunderblütensirup (Rezept siehe S. 86)
Meersalzflocken, Pfeffer

- Das rote Fruchtfleisch der Melone von der Schale trennen und in mundgerechte Stücke schneiden.
- Die Erdbeeren vom Stielansatz befreien und halbieren. Melonenstücke und Erdbeeren dekorativ auf zwei Tellern verteilen, das Blattgrün mit den Fingern etwas zerzupfen und darüber verteilen.
- Den Schafskäse zerbröseln und über den Salat streuen, zuletzt die Holunderblüten darüber verteilen.
- Für die Marinade Öl, Holunderblütenessig und Holunderblütensirup verquirlen, den Salat gleichmäßig mit dem Dressing beträufeln. Zuletzt mit Meersalzflocken und Pfeffer würzen, sofort genießen.

Tipp *Dazu passen Brotchips und kalter Roséwein.*

Holunderblüten-Panna Cotta

Panna Cotta ist ein unkompliziertes, überaus feines italienisches Dessert, das hauptsächlich aus Sahne besteht, weswegen auch nur recht kleine Portionen gereicht werden. Hier wird die Sahne mit Holunderblüten zart aromatisiert, ein sehr elegantes, puristisches Dessert.

ZUTATEN FÜR 4–6 PORTIONEN

500 ml Sahne
5 EL abgerebelte Holunderblüten
50 g Zucker (z. B. Holunderblütenzucker, Rezept siehe S. 90)
2 ½ Blätter Gelatine
50 ml Holunderblütensirup (Rezept siehe S. 86)

- Die Sahne mit den Holunderblüten mischen und im Kühlschrank über Nacht durchziehen lassen, am nächsten Tag durch ein Sieb in einen Topf abgießen, die Blüten gut ausdrücken.
- Sahne mit dem Zucker verrühren, aufkochen und 5 Minuten sanft köcheln. Gelatine in kaltem Wasser einweichen.
- Den Topf vom Herd nehmen, die Gelatineblätter ausdrücken und einzeln in die etwas abgekühlte Sahne einrühren.
- Zuletzt den Sirup zugeben, alles auf 4–6 Gläschen verteilen und einige Stunden kalt stellen.
- Mit frischen Holunderblüten garnieren.

Tipp *Wird die Masse in Sturzgläschen gefüllt, so können die kleinen Portionen auch aus der Form auf einen Teller gestürzt werden. Dazu die Form kurz in etwa 70 °C heißes Wasser halten, den Rand vorsichtig mit einem Messer lösen, sodass Luft an den Boden der Form kommt, dann sollte die Panna Cotta mühelos auf den Teller gleiten. Nach Belieben mit Blüten und Früchten garnieren.*

ERFRISCHENDE HOLUNDERBLÜTEN-Joghurt-Schnitten

Eine herrliche Mehlspeise für einen Nachmittagskaffee im Freien, besonders leicht und frisch an einem warmen Tag.

ZUTATEN FÜR EINEN BACKRAHMEN (CA. 22 X 30 CM)

Biskuitboden
4 große Eier
100 g Staubzucker
1 Prise Salz
100 g Dinkelmehl
20 g Stärkemehl
40 g fein geriebene Mandeln
20 g Holunderblütenzucker (Rezept siehe S. 90)
200 g Erdbeermarmelade (Erdbeerkonfitüre)

Holundercreme
6 Blatt Gelatine
200 ml Holunderblütensirup (Rezept siehe S. 86)
250 g Topfen (Quark)
200 g griechisches Naturjoghurt
50 g Zucker
250 ml Sahne
2 EL Staubzucker
3 EL frische Holunderblüten, gerebelt

Gelee
200 ml Holunderblütensirup
300 ml Wasser
2 P. klares Tortengelee
abgeriebene Schale von ½ Bio-Limette
2 EL frische Holunderblüten, gerebelt

- Einen rechteckigen Backrahmen auf ca. 22 x 30 cm zusammenstecken, auf ein mit Backpapier belegtes Backblech stellen und das Backpapier um die Rahmenunterseite herumwickeln. Backofen auf 180 °C Umluft vorheizen.
- Eier, Zucker und Salz über einem 50 °C warmen Wasserbad ca. 8 Minuten weißschaumig aufschlagen.
- Mehl, Stärke und Mandeln in einer Schüssel mit einem Schneebesen mischen und etwas auflockern, zur Schaummasse geben und locker und vorsichtig mit einer Teigspachtel unterziehen.
- Die Masse in den Backrahmen füllen und gleichmäßig verstreichen, auf mittlerer Schiene etwa 20 Minuten backen, den Boden noch heiß mit Erdbeermarmelade bestreichen, so bleibt er schön saftig.
- Vollständig abkühlen lassen, dann die Seiten mit einem kleinen Messer vom Backrahmen lösen, aber den Backrahmen nicht entfernen.
- Für die Creme Gelatineblätter in kaltem Wasser einweichen, Holunderblütensirup kurz aufkochen, etwas abkühlen lassen, Gelatineblätter ausdrücken und einzeln in den Sirup rühren.
- Topfen, Joghurt und Zucker mit dem Mixer verrühren, einige Esslöffel der Masse in die Gelatinemasse einrühren, um diese etwas abzukühlen.
- Nun die Gelatinemasse langsam bei laufendem Mixer in die Topfenmasse einarbeiten, zum Schluss die gerebelten Holunderblüten unterziehen. Im Kühlschrank etwas fest werden lassen.
- Sahne und Staubzucker steif schlagen und unter die Topfenmasse ziehen.
- Die Creme auf den Biskuitboden aufbringen, glatt streichen, einige Stunden gekühlt fest werden lassen.
- Für das Gelee Holunderblütensirup und Wasser mischen, Tortengeleepulver einrühren, aufkochen, 15 Sekunden köcheln lassen, etwa 10 Minuten abkühlen.
- Danach das Gelee vorsichtig auf der Creme verteilen. Das Gelee darf nicht mehr zu warm sein, sonst schmilzt die Creme, aber auch nicht zu kalt, sonst verbinden sich Creme und Gelee nicht miteinander!
- Sofort mit Limettenabrieb garnieren, über Nacht kühlen, den Backrahmen entfernen, den Kuchen in Schnitten schneiden, mit Blüten dekorieren und servieren.

HOLUNDER
BLÜTEN
SIRUP

HOLUNDERBLÜTEN-*Milchgelee*

Dieses Gelee auf Milchbasis ist die etwas weniger üppige Schwester der Holunderblüten-Panna Cotta (siehe Rezept S. 109). Es schmeckt erfrischend und leicht.

ZUTATEN FÜR 4–6 PORTIONEN

500 ml Milch
6 große Holunderblütendolden
50 g Zucker
1 EL Vanillezucker
150 ml Sahne
50 ml Holunderblütensirup
4 Blatt Gelatine

- Die Milch auf etwa 70 °C erhitzen, die Blütendolden einlegen und ca. 6 Stunden (am besten über Nacht), ziehen lassen. Danach die Milch durch ein feines Sieb abgießen.
- Sahne und Sirup erhitzen, die 4 Blatt Gelatine in kaltem Wasser erweichen und ein Blatt nach dem anderen in die heiße (nicht kochende!) Sahne einrühren.
- Die Sahnemischung etwas abkühlen lassen, zuletzt langsam unter Rühren die Holundermilch zugießen, in hübschen Dessertschalen verteilen und einige Stunden im Kühlschrank fest werden lassen.
- Mit einem Klecks Erdbeergelee mit Holunderblüten (siehe Rezept S. 94) und einigen Holunderblüten garnieren.

Holunderblüteneis ohne Eier

Die meisten Rezepte für Cremeeis enthalten viele Eidotter, dieses Rezept zeigt, dass ein super-cremiges Ergebnis auch ohne Eier möglich ist.

ZUTATEN FÜR 4 PORTIONEN

200 g gezuckerte Kondensmilch
150 g griechisches Naturjoghurt 10 % Fettgehalt
50 ml Holunderblütensirup
200 ml Sahne
3 EL frisch gerebelte Holunderblüten

Blüten zum Garnieren

- Kondensmilch, Joghurt und Holunderblütensirup in einer größeren Schüssel verrühren.
- Sahne nicht ganz steif schlagen und unter die Joghurtmischung ziehen, zuletzt die Blüten untermischen.
- Die Creme in die laufende Eismaschine füllen und 30 Minuten gefrieren lassen.
- In eine Tiefkühldose füllen und einige Stunden nachfrieren lassen.
- 10 Minuten vor dem Portionieren aus dem Tiefkühler nehmen.

Tipp *Sehr gut schmeckt dieses Eis, wenn man es auf klein geschnittenen Erdbeeren anrichtet, oder man serviert es zu Kuchen. Natürlich kann dieses Eis auch ohne Eismaschine hergestellt werden: Man füllt die fertige Masse in eine Schüssel mit Deckel, stellt diese in den Tiefkühler und rührt in den ersten 3 Stunden alle 30 Minuten einmal kräftig durch.*

Holunderblüten-Shortbread

Shortbread kommt ursprünglich aus Schottland, übersetzt heißt es „mürbes Brot", und das stimmt auch, denn dieses Gebäck ist wirklich sehr mürbe und zart buttrig. Eine klassisch britische „Tea Time" ist ohne frisch gebackene Shortbread-Kekse undenkbar.

ZUTATEN FÜR CA. 14 KEKSE

100 g Butter, sehr weich
120 g glattes Mehl
30 g Reismehl
50 g Staubzucker
3 EL frische Holunderblüten, gerebelt

Zum Bestreuen
1 EL Vanillezucker
1 EL getrocknete Holunderblüten

- Butter mit Mehl und Reismehl cremig rühren, Zucker einmixen, zuletzt die frischen Holunderblüten zugeben, alles rasch zu einem glatten Teig kneten, eine flache Scheibe formen, diese in Frischhaltefolie wickeln und 30 Minuten im Kühlschrank rasten lassen.
- Backofen auf 160 °C Umluft vorheizen. Den Teig auf etwa 8 mm Stärke ausrollen (vorsichtig arbeiten, er ist sehr mürbe!).
- Quadrate ausstechen (oder mit einem Teigrad ausradeln), auf ein mit Backpapier belegtes Backblech legen, etwa 13 Minuten backen (Shortbread sollte hell bleiben und höchstens am Rand leicht Farbe annehmen).
- Den Vanillezucker mit den getrockneten Blüten etwas im Mörser zerreiben und die noch heißen Kekse damit bestreuen.

Holunderblüten-Powerriegel

Müsliriegel, Kraftriegel, Powerriegel, wie auch immer man sie nennt, die Namen deuten darauf hin, dass diese Snacks gesund sein sollten. Um dies zu gewährleisten, muss man die Riegel selbst machen, denn so weiß man, dass gesunde Zutaten verarbeitet wurden. Die getrockneten Holunderblüten geben beim Zerkauen einen ganz zarten Holundergeschmack frei!

ZUTATEN FÜR 12 RIEGEL

80 g feinblättrige Haferflocken
30 g gepuffter Amaranth
60 g ungeröstete, ungesalzene, gehackte Pistazien
60 g kandierter, fein gehackter Ingwer
60 g getrocknete Cranberrys
10 g getrocknete Holunderblüten
1 EL Kokosmehl
Saft einer halben Orange
3 EL Kokosöl
100 g weiße Kuvertüre (gehackt oder Drops)
4 EL Mandelmus
2 EL Ahornsirup

- Haferflocken, Amaranth, Pistazien, Trockenfrüchte, Holunderblüten und Kokosmehl in einer Schüssel mischen. Den Orangensaft untermischen.
- Kokosöl, Kuvertüre, Mandelmus und Ahornsirup sehr sanft erwärmen und alles schmelzen.
- Die trockenen Zutaten mit der Schokoladenmischung verrühren.
- Eine Auflaufform (etwa 22 x 25 cm) mit Backpapier auslegen, die Riegelmasse einfüllen, verteilen und gut festdrücken.
- Einige Stunden in den Kühlschrank stellen, danach in Riegel schneiden. Kühl aufbewahren.

Tipp *Die Riegel können abgewandelt werden, indem man dunkle Kuvertüre und Erdnussbutter statt Mandelmus verwendet. Auch frische Holunderblüten können beigegeben werden, dann sollte man die Riegel innerhalb von 3 Tagen aufessen.*

„Hugo"-Marshmallows

Selbst gemachte Marshmallows sind federleicht und zergehen auf der Zunge, sie sind mit gekauften nicht zu vergleichen. Die Herstellung verursacht eine kleine Kleckerei, ist aber nicht schwierig und wirklich den Aufwand wert. Der Moment, wenn die Ruhezeit vorüber ist, man die wabbelige Platte aus der Form holt, in Quadrate schneidet und sich den ersten selbst gemachten Marshmallow in den Mund steckt, ist ein echtes Glücksgefühl, besonders wenn er nach „Hugo" schmeckt!
Für dieses Rezept benötigt man eine Küchenmaschine mit Schneebesen-Aufsatz, eine ca. 6 cm hohe eckige Form mit etwa 20 x 20 cm Seitenlänge und einen Zuckerthermometer.

ZUTATEN

200 ml Weißwein
40 ml Holunderblütensirup
18 g Gelatinepulver
240 ml Glukosesirup
300 g Kristallzucker
1 Prise Salz

Öl und Frischhaltefolie zum Auskleiden der Form
etwa 80 g Staubzucker und 2 EL getrocknete Holunderblüten (zum Bestreuen der Form und der fertigen Marshmallows)

Tipp *Die Leckerei kühl in einer sehr gut schließenden Dose lagern, denn Luft und Feuchtigkeit tun den schaumigen Teilen nicht gut. Die Haltbarkeit unter diesen Bedingungen beträgt zwei Wochen. Marshmallows lassen sich auch gut einfrieren, hierzu berührungslos nebeneinander in eine Gefrierdose legen. Vor dem Verzehr langsam auftauen lassen und erneut mit Staubzucker bestreuen, sonst kleben sie.*

- Die Form mit der Folie auskleiden und diese mit Öl bestreichen, Staubzucker und getrocknete Blüten in einer elektrischen Mühle fein vermahlen, etwas von diesem Blütenstaubzucker in ein Sieb geben und die Form damit bestauben, Rest beiseitestellen.
- Weißwein und Holunderblütensirup mischen und in zwei Hälften zu je 120 ml aufteilen.
- Gelatinepulver und 120 ml der Weinmischung in die Rührschüssel Küchenmaschine geben, kurz mischen.
- Glukosesirup, Kristallzucker, Salz und die restlichen 120 ml Flüssigkeit in einen hohen Schnabeltopf mit etwa 1,5 Liter Fassungsvermögen geben. Die Mischung sanft erhitzen und rühren, bis sich der Zucker aufgelöst hat, dann aufkochen und ohne rühren köcheln, bis 116 °C erreicht sind (mit dem Zuckerthermometer kontrollieren!).
- Nun die Küchenmaschine einschalten und bei langsamer Geschwindigkeit den heißen Zuckersirup nach und nach zu den bereits in der Rührschüssel vorhandenen Zutaten gießen, weiterrühren, bis der ganze Sirup in der Schüssel ist.
- Die Mixergeschwindigkeit auf höchste Stufe stellen und mixen, bis die Masse cremig und glänzend ist, etwa wie Eischnee für Baisers. Das dauert etwa 8 Minuten, der weiße Schaum sollte sehr dick und zäh vom Mixaufsatz in die Schüssel rinnen.
- Die Marshmallowmasse in die vorbereitete Form gießen, mit einem Spatel mithelfen, die Masse ist sehr klebrig.
- Die Form etwa 8 Stunden an einem kühlen Platz stehen lassen (aber nicht im Kühlschrank).
- Die Arbeitsfläche (gut ist eine Silikonmatte) wiederum mit etwas Blütenstaubzucker bestauben, die Masse mit der Folie aus der Form heben und vorsichtig auf die Arbeitsfläche stürzen, auch die Hände mit Staubzucker bestreuen, es ist sehr klebrig!
- Mit einem großen, scharfen, in Zucker getauchten Messer die Masse in Streifen schneiden, diese dann in Würfel schneiden (das Messer nur hinunterdrücken, nicht hin und her bewegen, sonst klebt es fest). Immer wieder dazwischen mit dem Sieb den restlichen Blütenstaubzucker darüberstreuen.

HOLUNDER
BLÜTEN
SIRUP

ENERGIEKUGELN mit Holunderblüten

Diese Bällchen sind der ideale süße Snack für Zwischendurch, sie liefern schnell Energie und sind viel gesünder als gekaufte Energiekugeln. Man kann sie auch mit frischen Holunderblüten zubereiten, allerdings sollten sie dann innerhalb von drei Tagen gegessen werden.

ZUTATEN FÜR CA. 14 KUGELN

Kugeln
80 g getrocknete Marillen (Aprikosen)
40 g Datteln ohne Kern
50 ml Orangensaft
50 g gehackte Cashewnüsse
50 g Kokosraspel
2 EL Mandelmus
1 EL Vanillezucker
1 EL Haferflocken
3 EL getrocknete Holunderblüten

Überzug
2 EL getrocknete Holunderblüten
2 EL Kokosraspel
(oder 150 g weiße Kuvertüre)

- Für die Kugeln Marillen und Datteln klein hacken und mit dem Orangensaft mischen, 2 Stunden ziehen lassen.
- Nüsse, Kokosraspel, Mandelmus, Vanillezucker, Haferflocken, Holunderblüten und die gehackte Obstmischung mit dem Saft in einen Mixbehälter geben und grob pürieren. Am besten gelingt das mit einem Hochleistungs-Standmixer.
- Mit leicht befeuchteten Händen Kugeln formen und 30 Minuten in den Kühlschrank stellen.
- Die Kugeln nun einfach in einer Mischung aus Kokosraspel und Holunderblüten wälzen oder mit geschmolzener weißer Kuvertüre überziehen (im Schokomantel sind sie länger haltbar und bleiben schön saftig!).

Tipp *Formt man die Kugeln recht klein, so eignen sie sich auch bestens als selbst gemachte Tortendekoration. Für eine exotische Variante kann man die Marillen durch getrocknete Ananas und den Orangensaft durch Ananassaft ersetzen.*

HOLUNDERBLÜTEN-ERDBEER-Fruchtleder

Fruchtleder ist eine herrliche Nascherei für zwischendurch, die besonders auch Kinder anspricht. In hübsche Röllchen geformt und in einem schönen Glas aufbewahrt, ist das getrocknete, dünne Fruchtgelee eine ernst zu nehmende Konkurrenz für gekaufte Fruchtgummis!

ZUTATEN FÜR EINE FRUCHTMATTE VON ETWA 20 X 30 CM

300 g Erdbeeren, Stielansätze entfernt
100 ml Holunderblütensirup (Rezept siehe S. 86)
3 EL frisch gerebelte Holunderblüten

1 weiterer EL Holunderblüten zum Garnieren

Tipp *Das Fruchtleder kann auch im Backofen getrocknet werden, ebenfalls bei 50 °C bei leicht geöffneter Backofentüre. Es ist nachhaltiger, wenn man gleich die doppelte Menge verarbeitet und auf 2 Tabletts trocknet, dann hat man auch etwas zum Verschenken!*

- Alle Zutaten in ein hohes Gefäß füllen und mit dem Stabmixer oder einem Standmixer pürieren.
- Eine flache Auflaufform mit Frischhaltefolie auskleiden, die Erdbeermasse daraufgießen und gleichmäßig verteilen (die Masse sollte ca. 2 mm dick sein). Mit einigen frischen Holunderblüten bestreuen.
- Das Fruchtpüree im Dörrapparat bei 50 °C etwa 8 Stunden dörren, danach die Fruchtschicht vorsichtig von der Folie lösen und einmal umdrehen, weitere 2–4 Stunden dörren (das Fruchtleder sollte weich und biegsam bleiben, aber nicht mehr zu stark kleben).
- Das fertige Fruchtleder nach Belieben in Streifen schneiden und kleine Röllchen formen, in einem aromadichten Glas aufbewahren.

CREMIGER HOLUNDERBLÜTEN-
Erdbeer-Frühstücksshake

Dieser herrliche Shake fängt die Aromen des Frühlings ein und bietet einen fruchtig frischen gesunden Start in den Tag. Am besten zuvor bei einem Morgenspaziergang die Blüten frisch sammeln!

ZUTATEN FÜR 2 GROSSE GLÄSER

50 g Cashewnüsse
200 g Erdbeeren, Stielansätze entfernt
4 EL frisch abgerebelte Holunderblüten
100 ml Holunderblütensirup
400 ml Buttermilch

- Die Cashewnüsse über Nacht in Wasser einweichen, dieses Wasser am nächsten Tag wegschütten.
- Alle Zutaten in einen Standmixer geben und sehr cremig pürieren.

Variation: *Statt der Cashewnüsse Hanfsamen verwenden, diese müssen nicht eingeweicht werden. Statt der Erdbeeren zwei Stangen Rhabarber klein schneiden, weich dünsten und abgekühlt mit den restlichen Zutaten pürieren.*

Tipp *Für eine vegane Variante einfach die Buttermilch durch Mandeldrink oder einen anderen pflanzlichen Drink ersetzen, für etwas Säure den Saft einer halben Zitrone zugeben.*

Holunderblüten-Gin
MIT INGWER UND ZITRONE

Gin lässt sich wunderbar aromatisieren, man kann dabei seiner Phantasie freien Lauf lassen. Das zarte Aroma von Holunderblüten und die leichte Schärfe von frischem Ingwer sorgen für ein besonders interessantes Ergebnis. Auch dieser Gin mit Blütenaroma harmoniert mit Tonic, dem berühmten (Holunder-)Gin Tonic steht also nichts im Wege. Hier sollte nicht gespart und ein wirklich hochwertiger Gin in Bio-Qualität verwendet werden, das Ergebnis ist das Resultat der Zutaten. Es gibt mittlerweile auch ganz tolle regionale Gin-Produzenten!

ZUTATEN FÜR 750 ML GIN

etwa 5 cm langes Stück frischer Ingwer, geschält
½ Bio-Zitrone
etwa 8–10 Holunderblütendolden
1 EL echter Vanillezucker
750 ml Gin

- Ingwer in möglichst kleine Stücke schneiden, in ein etwa 1 Liter fassendes, verschließbares Glas geben.
- Zitrone in feine Scheiben schneiden, Holunderblüten von den grünen Stielteilen schneiden, beides zum Ingwer in das Glas füllen. Zucker zugeben, mit Gin aufgießen, gut umrühren.
- Das Glas verschließen und an einem hellen Ort (Fensterbank) 4 Wochen ziehen lassen, dabei immer wieder schütteln.
- Durch ein feines Tuch abgießen, so wird der Gin schön klar. In eine schöne Flasche füllen, innerhalb eines Jahres verbrauchen.

Tipp *Als Aperitif 4 EL Holunderblüten-Gin mit 4 EL Holunderblütensirup (Rezept siehe S. 86) und einigen Eiswürfeln in ein Longdrinkglas geben, mit Tonic Water auffüllen, mit einem kleinen Holunderblütenzweig garnieren.*

HOLUNDER-
BLÜTEN
ERDBEER
LIKÖR
HOLUNDER-
BLÜTEN
ERDBEER
LIKÖR

Holunderblüten-Erdbeer-Likör

Der zarte Geschmack macht diesen Likör zu einem echten Damengetränk. Mit ein paar Keksen serviert ist er eine süße Nachmittagsüberraschung! Die Zubereitung ist ganz einfach – man braucht dazu nur ein großes Schraubverschlussglas mit ca. 1,8 Litern Fassungsvermögen, ein Passiertuch, einen Kochtopf und eine große oder 2 kleinere Flaschen zum Abfüllen.

ZUTATEN FÜR CA. 750 ML LIKÖR

15 Dolden Holunderblüten
etwa 250 g Erdbeeren
700 ml hochwertiger Wodka
150 ml Zucker
100 ml Wasser
½ Vanilleschote
50 ml Holunderblütensirup
(Rezept siehe S. 86)

Tipp *Der Likör ist sofort trinkbereit und sollte innerhalb eines Jahres verbraucht werden.*

- Die Blüten vorsichtig mit einer kleinen Schere von den Dolden schneiden, abwechselnd mit den von den Stielansätzen befreiten und halbierten Erdbeeren in das Glas schichten.
- Mit dem Wodka aufgießen, das Glas verschließen, mit Datum beschriften und etwa 6 Wochen an einem hellen Platz stehen lassen, ab und zu leicht schütteln, danach durch ein Passiertuch abseihen.
- Zucker, Wasser und die längs aufgeschlitzte Vanilleschote aufkochen, etwa 5 Minuten köcheln lassen, bis ein klarer Sirup entsteht.
- Die Vanilleschote entfernen, vorsichtig den abgeseihten Liköransatz zum Zuckersirup in den Topf gießen, einmal kurz aufkochen, den Holunderblütensirup hinzufügen und den Likör in sterilisierte Flaschen abfüllen.

Hollerröster mit Zwetschken

Röster sind typisch für Österreich, man könnte sie als eine Art Mus oder festeres Kompott beschreiben. Verschiedene Früchte werden durch langes „Rösten" eingekocht. Beim Zubereiten eines Rösters wird keine zusätzliche Flüssigkeit hinzugefügt, was ihn vom Kompott grundlegend unterscheidet. Die Früchte werden im eigenen Saft bis zur erwünschten Konsistenz eingekocht, was bei Holunder recht lange dauern kann. Im Gegensatz zu Marmelade (Konfitüre) wird hier auch kein Geliermittel verwendet, sondern normaler Kristallzucker, und davon auch viel weniger als bei der Marmeladenzubereitung. Röster sind eine „altmodische" Art der Haltbarmachung, die gerade wieder sehr populär wird, da ohne moderne Einkochhilfsmittel gewerkelt werden kann.

Der traditionellste und bekannteste Röster in Österreich ist der Zwetschkenröster, aber auch der Röster aus ganzen, nicht pürierten Holunderbeeren ist ein Klassiker. Ganz klassisch und besonders kaiserlich macht sich ein Röster als Begleitung zum Kaiserschmarrn, aber es spricht nichts dagegen, ihn auf einem dick gebutterten Stück Bauernbrot zu genießen.

ZUTATEN FÜR 4 GLÄSER À CA. 250 ML

750 g abgerebelte Holunderbeeren
250 g sehr reife, entkernte, klein geschnittene Zwetschken
1 unreifer geschälter, entkernter, klein gewürfelter Apfel
400 g Kristallzucker
1 Vanilleschote
Saft von ½ Zitrone
evtl. etwas Zimt

- Holunderbeeren, Zwetschken- und Apfelstücke in einem Topf mit dem Zucker mischen, abgedeckt eine Stunde ziehen lassen.
- Längs aufgeschlitzte Vanilleschote und Zitronensaft hinzufügen, aufkochen und ohne Deckel sehr sanft köcheln lassen, bis die Konsistenz dick und sirupartig wird (das kann bis zu 60 Minuten dauern). Dazwischen immer wieder umrühren.
- Vanilleschote entfernen, nach Belieben Zimt hinzufügen und den Röster heiß in sterilisierte Gläser füllen.

Tipp *In traditionellen Rezepten wird manchmal noch weniger Zucker verwendet, dann empfiehlt es sich jedoch, den Röster rasch zu verbrauchen. Auch mit der Menge in diesem Rezept ist er nicht so lange haltbar wie Marmelade, er sollte kühl gelagert und innerhalb von 3 Monaten verbraucht werden. Die Gläser können jedoch zusätzlich eingekocht werden.*

Wem die Kochzeit zu lange oder die Konsistenz nicht fest genug ist, der kann natürlich einen Teil des Zuckers durch Gelierzucker ersetzen, das erhöht auch die Haltbarkeit.

HOLLER
RÖSTER
HAUS =
GEMACHT
mit
LIEBE
HOLLER
RÖSTER

Holunder Beeren Sirup
HAND MADE
Apricot
Holunder Beeren Sirup
HAND MADE

Holunderbeerensirup

Reiner Holunderbeerensaft ist säurearm, recht herb, leicht bitter und für viele Menschen doch etwas gewöhnungsbedürftig. Meist wird er eher als Medizin denn als erfrischendes Getränk konsumiert. Verarbeitet man den Saft jedoch zu Sirup und spritzt diesen mit Wasser auf, so erhält man ein köstliches, höchst gesundes Getränk, trotz des Zuckers!

ZUTATEN FÜR ETWA 3 LITER SIRUP

2 Liter Holunderbeerensaft*
1 kg Sirupzucker oder Kristallzucker
Saft einer Zitrone
1 TL Zitronensäure
2 EL Honig

** Wie reiner, ungesüßter Holunderbeerensaft (Holunder-Muttersaft) hergestellt wird, ist auf S. 70/71 beschrieben.*

- Holundersaft, Zucker und Zitronensaft in einen Topf geben, gut verrühren und aufkochen.
- Etwa drei Minuten köcheln, bis sich der Zucker völlig aufgelöst hat.
- Den Saft vom Herd nehmen, Zitronensäure und Honig einrühren. Den noch heißen Sirup in sterilisierte Flaschen füllen, sofort verschließen.

Tipp *Es ist ratsam, eher kleinere Flaschen zu verwenden und den Saft, sobald er geöffnet ist, im Kühlschrank zu lagern und innerhalb weniger Tage aufzubrauchen.*

Variante *Besonders köstlich ist auch eine Mischung aus Holunderbeerensaft und Apfelsaft: Dafür einen halben Liter von dem Holunderbeerensaft bei der Zubereitung durch Apfelsaft (natur, ungesüßt) ersetzen. Tipp für die Adventzeit: roter Glühwein bekommt durch die Zugabe von etwas Holunderbeerensirup eine ganz besondere Note!*

HOLUNDERBEEREN-KORNELKIRSCHEN-Marmelade (Konfitüre)

Holunderbeeren und Kornelkirschen reifen meist zur gleichen Zeit. Ansonsten die Holunderbeeren vorab rebeln und einfrieren, die Zubereitung mit gefrorenen Beeren funktioniert sehr gut.

ZUTATEN

Fruchtmus

ca. 2,5 kg Kornelkirschen
ca. 1 kg Holunderbeeren

Marmelade

1,4 kg vom Kornelkirschenmus
500 g vom Holunderbeerenmus
1 kg Gelierzucker 2:1
Saft einer Zitrone
1 Tonkabohne

- Für das Mus die Kornelkirschen in einen großen Topf geben, mit Wasser bedecken und aufkochen, köcheln, bis die Früchte weich sind (etwa 20 Minuten), abkühlen lassen und mit der Flüssigkeit durch ein Passiersieb passieren.
- Die Holunderbeeren mit 100 ml Wasser aufkochen, 5 Minuten köcheln, abkühlen und durch ein Passiersieb passieren*.
- Für die Marmelade die angegebenen Mengen der beiden Fruchtmuse in einen großen Topf geben, mit dem Gelierzucker verrühren, bis er sich aufgelöst hat. Den Zitronensaft zugeben und aufkochen, 5 Minuten köcheln lassen.
- Die Tonkabohne mit einer feinen Reibe in die Masse reiben und untermischen. Heiß in sterilisierte Gläser füllen.

** Natürlich könnte man beide Früchte gemeinsam köcheln und passieren, weil Kornelkirsche jedoch recht große Kerne haben, würde das Passierholz schwer an die kleinen Holunderbeeren herankommen und so ginge Fruchtmasse verloren.*

KORNELKIRSCHE +
HOLUNDER-
BEEREN
MARMELADE

HOLUNDER-BROMBEER-
Marmelade (Konfitüre) mit Rotwein

Manchen Menschen ist der pure Geschmack von Holunderbeeren zu intensiv. In Kombination mit Brombeeren und Rotwein wird diese Marmelade aber bestimmt jedem schmecken.

ZUTATEN FÜR CA. 5 GLÄSER À 200 ML

500 g Brombeeren
1 kg abgerebelte Holunderbeeren
100 ml Wasser
100 ml Rotwein
Saft einer Zitrone
400–500 g Gelierzucker 2:1 (je nach erhaltener Saftmenge)

** Eventuell vor dem Abfüllen Gelierprobe machen: 1 EL Gelee auf einen Teller geben, sollte es beim Abkühlen gelieren, so war die Zuckermenge ausreichend. Ansonsten noch etwas Gelierzucker zufügen und erneut aufkochen.*

- Brombeeren und Holunderbeeren mit Wasser und Wein in einen Topf geben, aufkochen und etwa 5 Minuten sanft köcheln. Vom Herd nehmen und zugedeckt abkühlen lassen.
- Die Beerenmischung portionsweise durch ein mit Passiertuch ausgelegtes Sieb abgießen und gut ausdrücken.
- Den gewonnenen Saft mit dem Zitronensaft mischen und die Menge abwiegen (je nach Saftigkeit der Beeren ergibt das etwa 800–1000 g Saft).
- Die Flüssigkeit in einen Topf gießen und mit der halben Menge Gelierzucker 2:1 vermischen (bei 800 g Saft also 400 g Zucker, bei 1000 g Saft 500 g Zucker). Diese Menge ergänzt man durch 1–2 zusätzliche Löffel Gelierzucker, da es sich um reinen Saft ohne Fruchtstücke handelt.
- Die Mischung unter Rühren 5 Minuten einkochen* und heiß in sterilisierte Gläser füllen.

HOLUNDERGELEE „Winterzauber" MIT GEWÜRZEN

Dieses Gelee passt perfekt in die Advent- und Weihnachtszeit und ist auch ein sehr nettes selbst gemachtes Geschenk. Es schmeckt zum Weihnachtsstollen und ist ein aromatischer Farbklecks auf festlichen Desserts wie zum Beispiel Panna Cotta oder Mousse aus Topfen (Quark).

ZUTATEN FÜR CA. 7–8 GLÄSER À 130 ML

1 Stück Sternanis
½ TL Kardamomsamen
8 Gewürznelken
1 cm von einer Zimtstange
1 Tonkabohne
1 EL Rohrzucker
900 ml reiner, ungesüßter Holunderbeerensaft
(siehe S. 70/71)
2 EL Zitronensaft
500 g Gelierzucker 2:1

- Die Gewürze mit dem Rohrzucker in einer Kaffeemühle oder Gewürzmühle sehr fein mahlen, eventuell durchsieben.
- Holunderbeerensaft, Zitronensaft, Gelierzucker und Gewürzzucker gut verrühren, zum Kochen bringen und 5 Minuten köcheln.
- Gelierprobe machen: 1 EL Gelee auf einen Teller geben, wenn es beim Abkühlen geliert, so war die Zuckermenge ausreichend*. Vor dem Abfüllen noch einmal zum Kochen bringen. Das Gelee heiß in sterile Gläschen füllen und sofort verschließen.

** Sollte die Gelierprobe kein befriedigendes Ergebnis liefern, 3 EL Gelierzucker 2:1 zugeben und erneut 3 Minuten köcheln.*

Chili
Holunder
Gelee
Chili
Holunder
Gelee

Holunderbeeren-Chili-Gelee

Die leichte Schärfe der Chilischoten und die Säure von im Handel erhältlichem Balsamicoessig ergeben ein pikant würziges Gelee, das wunderbar mit Käse harmoniert, besonders mit allen Briesorten. Sehr gut passt es auch zu kalt aufgeschnittenem Geflügelbraten oder zu Fleischbällchen.

ZUTATEN FÜR CA. 7 GLÄSER À 125 ML

4 EL sehr fein gehackte Chilischoten, Schärfegrad nach Belieben
2 EL Balsamicoessig
2 EL Rohrzucker
500 ml reiner, ungesüßter Holunderbeerensaft
280 g Gelierzucker 2:1
1 EL Zitronensaft

Tipp *Bei der Zubereitung von Rinds- oder Rehragout gegen Ende der Kochzeit einige Löffel von dem Gelee in die Sauce geben und gut untermischen.*

- Gehackte Chilischoten, Essig und Rohrzucker mischen und eine Stunde ziehen lassen.
- Holunderbeerensaft mit Gelierzucker und Zitronensaft gut verrühren, die Chilimischung zugeben, alles aufkochen und etwa 8 Minuten köcheln lassen, die Chilistücke müssen gut durchgekocht sein!
- Eventuell Gelierprobe machen: 1 EL Gelee auf einen Teller geben, sollte es beim Abkühlen gelieren, so war die Zuckermenge ausreichend, sollte die Gelierprobe kein befriedigendes Ergebnis liefern, weitere 3 EL Gelierzucker 2:1 zugeben und erneut 3 Minuten köcheln.
- Vor dem Abfüllen noch einmal zum Kochen bringen, heiß in sterilisierte Gläser füllen, sofort verschließen (Haltbarkeit: ca. 6–8 Monate).

Burrata
AN HOLUNDERBEEREN-ZWIEBELMARMELADE (-KONFITÜRE) MIT SPECK

Burrata ist eine Sonderform des Mozzarella. Der kugelförmige Frischkäseball ist innen weich und cremig. Zum Anrichten wird er meist etwas angeschnitten und aufgebrochen, so lässt er sich gut füllen, in diesem Fall mit der würzigen Holunderbeeren-Zwiebelmarmelade. Der italienische Frischkäse harmoniert wunderbar mit der würzig fruchtigen Marmelade.

ZUTATEN FÜR 4 GLÄSER À CA. 200 ML

Zwiebelmarmelade

150 g Bauchspeck, dünn aufgeschnitten
500 g rote Zwiebeln
25 ml Olivenöl
100 g brauner Rohrzucker
1 Schuss Balsamicoessig
200 g abgerebelte Holunderbeeren
1 EL Salz
etwas Oregano

Zum Anrichten

1 Kugel pro Portion Burrata
1 mittelgroße Tomate pro Portion
Basilikum und Rucola nach Belieben

- Ein Backblech mit Backpapier belegen, den Backofen vorheizen auf 210 °C Grillfunktion.
- Die Bauchspeckscheiben nebeneinander auf das Backpapier legen, sobald die Temperatur erreicht ist, das Blech unter den Grill schieben, etwa 10 Minuten grillen, bis der Speck schön gebräunt und knusprig ist. Den Speck zum Abtropfen auf Küchenpapier legen.
- Die Zwiebeln schälen, halbieren und in 2 mm dicke Scheiben schneiden. Das Öl erhitzen und die Zwiebeln darin etwa 15 Minuten glasig rösten.
- Den Zucker hinzufügen und unter Rühren etwa 10 Minuten karamellisieren. Mit Balsamicoessig ablöschen. Holunderbeeren, Salz und Oregano zugeben und rund 15 Minuten sanft einreduzieren.
- Einige der gerösteten Speckstreifen für die Garnitur beiseitelegen, die restlichen fein hacken.
- Den gehackten Speck unter die Zwiebelmasse mischen, pro Portion Burrata 3 EL der Marmelade in eine Schale geben, den Rest der Holunderbeeren-Zwiebelmarmelade heiß in sterilisierte Gläser füllen. Innerhalb von 3 Wochen verbrauchen, kühl lagern.
- Zum Anrichten je 1 Kugel Burrata in die Mitte eines Tellers legen, in der Mitte kreuzweise einschneiden und die Käsemasse etwas auseinanderziehen, mit jeweils 3 EL Holunderbeeren-Zwiebelmarmelade füllen.
- Mit Tomatenspalten, Speckstreifen, Basilikum und etwas Rucola garnieren.

ZWIEBEL
SPECK
HOLUNDER
MARMELADE

RINGLOTTEN
HOLUNDER
KETCHUP
ASIA

HOLUNDER-TOMATEN-RINGLOTTEN-
Ketchup „Asia"

Dieses hocharomatische Ketchup ist eines meiner liebsten Rezepte mit Holunderbeeren. Auch wenn es etwas Zeit und ein paar ungewöhnliche Zutaten benötigt, ist es jede Mühe wert. Es ist ein perfekter Begleiter zu vielen asiatischen Gerichten wie Frühlingsrollen, Tempura, Teigtaschen (Wan Tans), aber auch gegrillte Ripperln oder Koteletts harmonieren mit der ungewöhnlichen selbst gemachten Sauce.

ZUTATEN FÜR 5 GLÄSCHEN À 150 ML

600 g vollreife fleischige Tomaten
700 g Ringlotten
300 g abgerebelte Holunderbeeren
120 g Stangensellerie
2 mittelgroße Zwiebeln
2 Knoblauchzehen
etwas Olivenöl
1 Prise Salz
3 gehäufte EL Rohrzucker
1 EL Salz
1 EL Currygewürz
1 EL Fischsauce (Asialaden)
2 EL Reisessig (Asialaden)
1 TL Ingwerpulver
Saft einer halben Limette

Tipp *Die Ringlotten können durch Zwetschken ersetzt werden, das Ketchup wird dann allerdings etwas weniger säuerlich.*

- Die Tomaten je nach Größe vierteln oder achteln, mit Ringlotten (mit Kern) und Holunderbeeren in einem großen Topf aufkochen, etwa 20 Minuten köcheln, auskühlen lassen, danach alles durch ein Passiersieb drücken (ergibt etwa 850 g).
- Stangensellerie in feine Streifen schneiden, Zwiebeln und Knoblauch fein hacken, Zwiebeln, Sellerie und Knoblauch in etwas Olivenöl bei mittlerer Hitze anbraten, salzen und im eigenen Saft etwa 20 Minuten dünsten, bis der Sellerie weich ist.
- Abkühlen lassen und im Standmixer mit einigen Schöpfern von der passierten Holunder-Tomaten-Ringlotten-Masse sehr fein pürieren.
- Nun die restliche Holunder-Tomaten-Ringlotten-Masse mit der pürierten Sellerie-Zwiebel-Masse sowie mit allen restlichen Gewürzen in einen möglichst hohen Topf geben (die Masse muss länger ohne Deckel einkochen und spritzt etwas – eventuell Spritzschutz auflegen).
- Den Topf bei mittlerer Hitze unter Rühren zum Kochen bringen, dann bei sanfter Hitze einreduzieren, immer wieder umrühren.
- Das Ketchup ist fertig, sobald eine dickflüssige Konsistenz erreicht ist, das dauert etwa 35–45 Minuten.
- Erst zum Schluss abschmecken, da die Masse ja beim Kochen weniger und die Würze daher intensiver wird. Zu viel Salz zu Beginn könnte das Ketchup zu würzig werden lassen!
- Noch heiß in sterilisierte Gläser oder kleine Flaschen füllen, sofort verschließen.
- Kühl und dunkel lagern (etwa ein Jahr haltbar).

EINGELEGTE *grüne Holunderbeeren*

Grüne, noch unreife Holunderbeeren eignen sich hervorragend zum Einlegen und können wie Kapern verwendet werden. Sie platzen im Mund auf und ergeben ein spannendes Geschmackserlebnis. Gäste kann man hier bestimmt zum Staunen bringen, auch als Geschenk macht sich so ein Gläschen sehr gut! Das Abrebeln der grünen Beeren kann etwas dauern, am besten genießt man die meditative Betätigung an einem sonnigen Tag im Freien!

ZUTATEN FÜR 2 GLÄSER À CA. 130 ML

150 g grüne bzw. erst leicht verfärbte, feste Holunderbeeren
½ TL Salz
150 ml Apfelessig
1 EL Rohrzucker
½ TL Salz
1 Knoblauchzehe
etwas Rosmarin
1 EL frische Thymianblättchen
1 TL scharfe Chilischote (optional)

- Die Holunderbeeren in eine kleine Kasserolle geben, mit Wasser bedecken, den ½ Teelöffel Salz hinzufügen und 10 Minuten köcheln.
- Die Beeren in ein Sieb abgießen und danach in einer Schale mit gehacktem Knoblauch, fein gehackten Kräutern und – falls gewünscht – mit der fein gehackten Chilischote mischen. In zwei kleine, sterilisierte Gläser füllen.
- Apfelessig, Rohrzucker und den zweiten ½ TL Salz aufkochen und über die Beeren in den Gläsern gießen, bis diese bedeckt sind.
- Gläser sofort verschließen, vor dem Verzehr zwei Wochen durchziehen lassen. Kühl und dunkel lagern (ca. 6 Monate haltbar).

Grüne Hollerbeeren in Essig

SCHARFE GRÜNE *Holunderbeeren* IN OLIVENÖL

Grüne Holunderbeeren kann man nicht nur in Essig, sondern auch in Öl einlegen. Sie schmecken wie Salzkapern und können über fertige Gerichte gestreut werden. Sehr gut passen sie zu Rührei, Kartoffelsalat oder Eintöpfen.

ZUTATEN FÜR ZWEI KLEINE GLÄSER À CA. 120 ML

250 g grüne, unreife Holunderbeeren
1 EL Salz
etwas Wasser
1 mittelscharfe frische rote Chilischote
(z. B. Jalapeño)
4 EL Apfelessig
Olivenöl

- Die Beeren abrebeln und mit dem Salz mischen, etwa 2 Stunden ziehen lassen, dann in einen kleinen Topf geben, mit Wasser bedecken und aufkochen. Köcheln, bis die Beeren weich sind (das dauert nur einige Minuten, wenn man sie zu lange kocht, verlieren sie ihren Biss. Die kurze Kochzeit reicht aus, um das Gift in den Beeren unschädlich zu machen.)
- Am Ende der Kochzeit die entkernte, klein gehackte Chilischote zufügen und kurz mitkochen.
- Die Beeren abseihen und nach dem Abkühlen in zwei kleine sterilisierte Gläser füllen, je 2 EL Essig in jedes Glas geben und mit Olivenöl auffüllen.
- Die Gläser verschließen, im Kühlschrank lagern und innerhalb von 6 Wochen verbrauchen.
- Die kleine Menge Essig verlängert die Haltbarkeit!

Tipp *Rührei: 3 Eier mit 80 ml Sahne und etwas Salz gut verschlagen, etwas Butter in einer Pfanne schmelzen und die Eimasse darin unter ständigem Rühren stocken lassen. Auf einem Teller anrichten, 2 EL der grünen Holunderbeeren in Öl darüber verteilen.*

Holunder-Rote-Rüben-Chutney
MIT CRANBERRYS

Chutneys sind süß-saure, würzige, oft scharfe Saucen, deren Ursprung in Indien liegt. Die Engländer haben die Liebe zu Chutneys in ihrer Kolonialherrenzeit übernommen und diese Zubereitungsart auch in Europa eingeführt. Chutneys passen natürlich besonders gut zu indischem Essen wie Currys, Fladenbrot, Reisgerichten oder Hülsenfrüchten, aber auch zu Gegrilltem und zu kalten Fleisch- oder Käseplatten.

ZUTATEN FÜR 2 GLÄSER À CA. 200 ML

50 g getrocknete Cranberrys
100 ml Apfelessig
1 große Zwiebel
3 EL Olivenöl
150 g gekochte, grob geschabte Rote Rüben
150 g gerebelte Holunderbeeren
1 mittelscharfe, fein gehackte rote Chilischote
50 g brauner Rohrzucker
50 g Gelierzucker 2:1
½ TL Salz
Piment, Sternanis, Zimt (optional)

- Cranberrys mit Essig mischen und eine Stunde ziehen lassen. Zwiebel schälen und hacken, in Olivenöl etwa 10 Minuten dünsten, bis sie glasig und leicht gebräunt sind, dann mit der Essig-Cranberry-Mischung ablöschen.
- Die restlichen Zutaten hinzufügen und das Ganze etwa 20 Minuten sanft einkochen, die Konsistenz sollte etwa wie bei Marmelade (Konfitüre) sein.
- Das fertige Chutney heiß in sterilisierte Gläser füllen, kühl und dunkel lagern. Vor dem Verzehr einige Tage durchziehen lassen (Haltbarkeit etwa 1 Jahr).

Tipp *Die Roten Rüben können auch roh geschabt und hinzugefügt werden, allerdings verlängert sich dadurch die Kochzeit. Außerdem ist die Haltbarkeit bei der gekochten Variante sicherer.*

Holler
Balsam
Essig
Holler
Balsam
Essig

HOLUNDERBEEREN-Balsamessig

Diese gehaltvolle, dunkelviolette Essigcreme wird wie eine Würzsauce verwendet, welche beim Anrichten über fertige Speisen geträufelt wird. Sie verfeinert Käse, gehaltvolle Wintersalate, Cremesuppen, gebratenes, warm oder kalt serviertes Fleisch, gebratenes Gemüse wie Kürbis oder Süßkartoffeln und vieles mehr. Wenn man den Balsamessig mit angeschwitzten Zwiebeln vermischt, erhält man ein tolles Topping für Burger.

ZUTATEN FÜR 2 FLASCHEN À CA. 150 ML

350 g abgerebelte Holunderbeeren
500 ml Weißweinessig
120 g Rohrzucker
1 Zweig frischer Rosmarin
2 EL Gelierzucker 2:1

- Holunderbeeren, Essig, Rohrzucker und Rosmarin in einen backofengeeigneten Topf geben, im Backofen bei 150 °C eine Stunde ohne Deckel einreduzieren lassen, die Masse über Nacht abkühlen lassen.
- Die Beeren-Essig-Mischung portionsweise durch ein feinmaschiges Sieb abseihen, dabei mit einem Löffelrücken die Beeren gut ausdrücken.
- Die Essigmischung mit 2 EL Gelierzucker 2:1 verrühren, aufkochen und 5 Minuten köcheln lassen.
- Den Balsamessig heiß in kleine Flaschen abfüllen. Kühl und dunkel lagern (etwa ein Jahr haltbar).

Tipp *Diese wirklich besondere selbst gemachte Delikatesse ist auch ein tolles Geschenk für begeisterte Hobbyköche!*

Graved Lachs mit
HOLUNDERMARINADE

Dieser salzgebeizte Fisch muss ca. 36 Stunden marinieren, bei der Menüplanung also rechtzeitig mit der Zubereitung beginnen! Für dieses Rezept wurden die Beeren verwendet, die beim Abseihen des Holunderbeeren-Oxymels (siehe Rezept S. 77) übrig bleiben und keinesfalls entsorgt werden sollten! Wurde kein Oxymel angesetzt, einfach nur den Holunderbeeren-Balsamessig (siehe Rezept S. 149) verwenden.

ZUTATEN FÜR EIN FILET

1 EL Wacholderbeeren
½ EL schwarze Pfefferkörner
100 g grobes Meersalz oder Meersalzflocken
50 g Kristallzucker
3 EL Dill, fein gehackt
einige Zweige frisches Dillkraut
1 ganzes, absolut frisches, entgrätetes Lachsfilet mit Haut (ca. 1 kg)
40 ml Gin
2 EL Holunderbeeren-Oxymel oder Holunder-Balsamessig
3 EL übrig gebliebene Holunderbeeren (von Oxymel-Herstellung)
einige Limettenscheiben

- Wacholderbeeren und Pfefferkörner im Mörser grob zerstoßen, in einer Schüssel mit Salz, Zucker und dem gehackten Dill mischen.
- Eine flache Auflaufform aus Keramik oder Email mit den Dillzweigen auslegen (die Form sollte so groß sein, dass das Lachsfilet darin Platz hat).
- Das Filet mit der Hautseite nach unten auf die Dillzweige legen. Gin und Holunderbeeren-Oxymel oder Balsamessig mischen und das Fischfilet gleichmäßig damit beträufeln.
- Die Salz-Gewürz-Mischung auf dem Filet verteilen, mit den übrig gebliebene Holunderbeeren von der Oxymel-Herstellung bestreuen und alles leicht andrücken.
- Zuletzt die Limettenscheiben darüberlegen, den Fisch eng mit Frischhaltefolie abdecken, dabei möglichst viel Luft unter der Folie herausdrücken. Den marinierten Lachs 36 Stunden im Kühlschrank durchziehen lassen, dann in dünne Scheiben schneiden und mit einer Sauce nach Wahl, z. B. Crème Fraîche mit Kräutern oder Obersekren (Meerrettich mit Sahne) servieren.

Tipp *Graved Lachs selbst zuzubereiten, ist eine Offenbarung! Wichtig ist, ein wirklich frisches Filet zu bekommen, ich bestelle es beim Fischhändler meines Vertrauens vor und sage ihm auch, wofür ich es benötige. Diesen gebeizten Lachs serviere ich gerne zu festlichen Anlässen wie Weihnachten oder wenn ich Gäste mit einem nordischen Dinner überraschen will.*

FLEISCHBÄLLCHEN IN RAUCHIGER *Holunder-Barbecuesauce*

Dieses Rezept beinhaltet drei Zutaten, die für mich typisch für drei sehr unterschiedliche Länder sind: Der Holunder steht für Österreich, der Kaffee für Amerika (weil amerikanische Barbecue-Saucen oft starken Kaffee enthalten) und die Schokolade für Mexiko, wo die Saucen oft mit Schokolade verfeinert werden. Daher ergibt diese 3-Länder-Fusion eine klebrig-rauchige Barbecuesauce, die unfassbar gut zu Rindfleischgerichten, Fleischbällchen, Spareribs oder Steaks schmeckt.

ZUTATEN

Sauce (ca. 300 ml)

100 g Kristallzucker
150 ml Holundersaft (ungezuckert, Rezept siehe 70/71)
2 EL Balsamicoessig
1 EL Worcestershiresauce
4 EL Tomatenketchup
1 Tasse starker Espresso (ca. 50 ml)
1 sehr große rote Zwiebel, klein gehackt
1 kleines Stück frische, scharfe rote Chilischote (optional)
1 TL Salz und 1 Prise Rauchsalz
20 g Edelbitter Kuvertüre 75 %
evtl. Salz und Pfeffer zum Nachwürzen

Fleischbällchen (ca. 14 Stück)

1/16 l Milch
½ altbackene Semmel (Brötchen)
500 g Rindsfaschiertes (Rinderhackfleisch)
2 EL Olivenöl
2 EL Semmelbrösel
1 TL Salz und etwas Pfeffer
100 g gerieben Gouda
2 EL gehackte Petersilie
einige EL Sesamsamen

Kräuter zum Garnieren

Tipp *Dazu passen Bratkartoffeln oder gegrillte Maiskolben!*

- Für die Sauce Zucker in einem schmalen, hohen Topf bei mittlerer Hitze schmelzen und ohne zu rühren karamellisieren, eventuell den Topf leicht schwenken, um noch nicht geschmolzenen Zucker zu verteilen.
- Wenn der ganze Zucker karamellisiert und schön gebräunt ist (Achtung, er darf nicht zu dunkel werden!), mit dem Holundersaft vorsichtig ablöschen, Deckel bereithalten, es kann spritzen. Beim Aufgießen wird die Zuckerschicht fest, wenn man das Ganze weiterköcheln lässt, löst sich die Zuckerschicht vom Boden und schmilzt.
- Ist die Zuckerplatte gelöst, Balsamicoessig, Worcestershiresauce, Ketchup, Espresso, Zwiebel und entkernte, fein gehackte Chilischote zugeben, salzen und weitere 20 Minuten ohne Deckel sanft kochen lassen.
- Danach den Topf vom Herd nehmen, die Kuvertüre zugeben und schmelzen lassen.
- Die etwas abgekühlte Masse mit einem Pürierstab fein pürieren, falls nötig mit Salz und Pfeffer abschmecken, bis zur Verwendung abdecken, danach erneut kurz erhitzen.
- Die Barbecuesauce hält sich im Kühlschrank etwa 5 Tage.
- Für die Fleischbällchen die Milch erhitzen und über die sehr fein geschnitten Semmel gießen. Faschiertes mit der Semmelmasse und allen übrigen Zutaten verkneten, kleine Bällchen mit etwa 4 cm Ø formen, in Sesam wälzen, nebeneinander in eine große Auflaufform schlichten und eine Stunde im Kühlschrank ziehen lassen.
- Backofen auf 200 °C vorheizen (Umluft-Grill-Funktion), die Auflaufform mit den Bällchen auf einem Gitterrost auf mittlerer Schiene etwa 25–30 Minuten backen.
- Mit Kräutern garnieren (Schnittlauch, Schnittknoblauch) und mit der erwärmten Sauce anrichten.

Chili con Holunder

Dieses deftige Fleischgericht zeigt, wie vielseitig die aus Holunderbeeren zubereiteten Vorräte einsetzbar sind. Zum Einsatz kommen hier die Holunderbeeren-Gewürzmischung „Salz des Druiden", der Holunderbeeren-Balsamessig und das Holunderbeeren-Chili-Gelee. Die Zubereitung startet am Vortag, da die Bohnen Einweichzeit benötigen!

ZUTATEN FÜR 6–8 PORTIONEN

200 g getrocknete Bohnen
1 kg Faschiertes (Hackfleisch) vom Rind
3 EL Holunderbeeren-Gewürzmischung „Salz des Druiden" (siehe Rezept S. 181)
ca. 60 g Olivenöl
1 große rote Zwiebel,
4 Knoblauchzehen
1 rote Paprikaschote
1 mittelscharfe rote Chilischote
2 EL Tomatenpaste
1/16 l Holunderbeeren-Balsamessig (siehe Rezept S. 149)
Saft einer halben Limette
400 g gehackte Dosentomaten
2 EL Holunderbeeren-Chili-Gelee (siehe Rezept S. 139)
500 ml Rindsuppe
1 TL Salz
150 g Zuckermais
Pfeffer frisch gemahlen
20 g gehackte Zartbitterschokolade

gehackte Kräuter zum Garnieren (Majoran, Petersilie, Koriandergrün …)

- Bohnen über Nacht in reichlich Wasser einweichen, am nächsten Tag abgießen und beiseitestellen.
- Das Faschierte mit dem „Druidensalz" mischen und eine Stunde durchziehen lassen. Fleisch im vorgeheizten Bratentopf in 40 ml Olivenöl gut anbraten, bis es schön gebräunt ist, dann mit einer Schöpfkelle herausheben und beiseitestellen. Backofen auf 140 °C Umluft vorheizen.
- Im gleichen Topf in den restlichen 20 ml Öl geschälte und gehackte Zwiebel, fein gehackten Knoblauch, entkernte und in kleine Stücke geschnittene rote Paprikaschote, fein gehackte Chilischote und Tomatenpaste ebenfalls gut durchrösten.
- Das Fleisch zugeben, alles gemeinsam noch 5 Minuten anbraten, mit Holunderbeeren-Balsamessig und Limettensaft ablöschen.
- Dosentomaten, Holunderbeeren-Chili-Gelee und Rindsuppe zufügen, mit Salz abschmecken.
- Den Topf mit einem Stück Backpapier bedecken, den Deckel auflegen (der kleine Trick mit dem Backpapier verhindert, dass zu viel Flüssigkeit und somit auch Aroma verdampft) und im Backofen 3 Stunden garen. Zwischendurch mehrmals die Flüssigkeitsmenge überprüfen, eventuell etwas Rindsuppe nachgießen. Beim Anrichten mit frisch gehackten Kräutern garnieren, dazu passt frisches Weißbrot und ein kaltes Bier!

Tipp *Beim Kauf von bereits faschiertem Rindfleisch werden meist Reste verarbeitet, und es ist sehr fein faschiert. Nach Möglichkeit für dieses Gericht beim Fleischer ein schönes Stück auswählen und frisch nicht zu fein faschieren lassen.*

Für die Zubereitung von Eintöpfen eignet sich ein gusseiserner Bratentopf bzw. Bräter am besten.

Brötchen mit Hollerröster,

BRIE UND EINGELEGTEN GRÜNEN HOLLERBEEREN

Der cremige Brie, die säuerlichen grünen „Holunderkapern“ und der süße Hollerröster harmonieren wunderbar. Perfekt als Vorspeise oder kleines Abendgericht (pro Person 2–3 Brote).

ZUTATEN

Sandwichwecken oder Baguette
Butter
1 Stück Brie-Käse
Hollerröster (siehe Rezept S. 130)
eingelegte grüne Holunderbeeren (siehe Rezept S. 144)

* Mengenangaben gibt es hier keine, dieses Rezept ist vor allem eine Anregung, wie man selbst gemachte Holundervorräte wie Röster oder eingelegte grüne Beeren kreativ einsetzen kann!

- Das Brot in etwa 1,2 cm dicke Scheiben schneiden und dünn mit Butter bestreichen.
- Vom Brie 3 mm dicke Streifen schneiden, auf die Breite der Brote kürzen und je zwei Streifen mit etwas Abstand auf die Brotscheiben legen. Dabei die Spitzen frei lassen.
- Die eingelegten grünen Holunderbeeren in einem Sieb etwas abtropfen lassen, dann die Spitzen der Brote damit belegen (die Butter sorgt hierbei für Halt!).
- Den freien Streifen zwischen den Käsestücken mit Hollerröster füllen.

Tipp *Ein paar Tropfen Trüffelöl, zum Schluss über die Brote geträufelt, machen aus diesen Brötchen etwas ganz Besonderes. Den Brie könnte man auch durch Trüffelkäse ersetzen.*

KALTE HOLUNDER-ROTE-RÜBEN-*Cremesuppe*

Eine herrlich erfrischende und sehr gesunde kalte Suppe für einen heißen Spätsommertag!

ZUTATEN FÜR 3-4 PORTIONEN

400 g gekochte Rote Rüben
200 ml ungezuckerter Holunderbeerensaft (siehe Rezept S. 70/71)
250 ml Gemüsesuppe
Saft einer halben Zitrone
3 EL Olivenöl
Fruchtfleisch einer großen reifen Avocado
1 TL Salz und etwas Pfeffer
3 EL Sauerrahm (saure Sahne)
1 EL Wasabisauce (Asialaden) oder etwas Kren (Tube oder Glas)
Holundertrester-Topping mit Sesam und Pinienkernen (siehe Rezept S. 179)

- Rote Rüben schälen und in kleinere Stücke schneiden, mit Holunderbeerensaft, Gemüsesuppe, Zitronensaft, Öl, Avocadofruchtfleisch, Salz und Pfeffer in einem Standmixer cremig pürieren.
- Sauerrahm mit Wasabisauce oder Kren verrühren.
- Suppe in einer Schale anrichten, mit einem EL Sauerrahm garnieren und das Holundertrester-Topping dazu reichen.

Tipp *Die Suppe ist herrlich cremig, wird sie flüssiger gewünscht, etwas mehr Gemüsesuppe verwenden. Schön als zusätzliches Topping sind hier 5 Minuten in siedendem Wasser blanchierte ganze Holunderbeeren, auch eingelegte grüne Holunderbeeren passen gut!*

Süßkartoffel-Hefekuchen MIT HOLUNDERFÜLLE

Ein besonders saftiger Hefekuchen, der durch die Süßkartoffeln im Teig und in der Fülle lange frisch bleibt. Die dunkle Fülle aus Holunder-Brombeer-Marmelade (Konfitüre) und Süßkartoffeln ergibt einen schönen Kontrast zum Teig. Auch Hollerröster kann als Fülle verwendet werden.

ZUTATEN FÜR EINE GROSSE KASTENFORM

500 g Süßkartoffeln
600 g glattes Mehl
½ TL Salz
140 g Staubzucker
1 EL Vanillezucker
25 g frische Hefe
100 ml lauwarme Milch
1 Ei
1 Eidotter
140 g geschmolzene Butter

Fülle

1 Glas Holunder-Brombeer-Marmelade (Konfitüre)
(siehe Rezept S. 136)

Tipp *Sollte von dem Kuchen nach einigen Tagen noch etwas übrig sein, so eignet er sich wunderbar für „Arme Ritter“: Etwa 100 ml Milch mit einem großen Ei und einem EL Zucker verquirlen, dünne Scheiben vom Kuchen darin wenden und in etwas Butter goldbraun braten. Darauf kommt ein Klecks Vanilleeis und natürlich noch etwas Holunder-Brombeer-Marmelade.*

- Die Süßkartoffeln am Vortag in der Schale etwa 25 Minuten weich kochen. Am Backtag schälen und mit einer feinen Reibe reiben, abdecken und beiseitestellen.
- Mehl, Salz, Zucker und Vanillezucker in einer Schüssel mischen, Hefe in der Milch auflösen und zum Mehl geben, Ei und Eidotter verquirlen und hinzufügen.
- Zwei Drittel der geriebenen Süßkartoffeln zu den Zutaten in der Schüssel geben und alles verrühren, nach und nach die geschmolzene Butter zugeben.
- Mit der Küchenmaschine 10 Minuten zu einem geschmeidigen, sehr weichen Hefeteig kneten, zudecken und 2–3 Stunden gehen lassen. (Falls mit den Händen geknetet wird, müsste ev. noch etwas Mehl zugegeben werden, allerdings wird das Gebäck dann nicht so luftig).
- Für die Fülle das restliche Drittel der geriebenen Süßkartoffeln mit der Holunder-Brombeer-Marmelade verrühren.
- Nach der Gehzeit den Teig auf einer sehr gut bemehlten Arbeitsfläche zu einem 45 x 30 cm großen Rechteck ausrollen, mit der Fülle bestreichen und einrollen.
- Die Roulade der Länge nach in zwei Hälften schneiden, die Schnittflächen nach oben ausrichten und beide Stränge miteinander zu einer Kordel verdrehen.
- Den Kuchen in eine mit Backpapier ausgekleidete Kastenform legen, abdecken und noch einmal etwa 40 Minuten gehen lassen.
- Die Form in den kalten Backofen stellen, diesen auf 180 °C einschalten und den Kuchen ca. 50 Minuten backen (die Zeit zählt ab dem Zeitpunkt, an dem die Ofentemperatur erreicht ist).
- Im letzten Drittel der Backzeit den Kuchen eventuell mit Alufolie bedecken, damit die Oberfläche nicht zu dunkel wird.

Sugar
Shaker

FRAU HOLLE's
magischer
HOLUNDER-
BEEREN-ZUCKER

SAFTIGE HOLUNDER-
Schoko-Muffins

ZUTATEN FÜR 10–12 MUFFINS

150 g zimmerwarme Butter
150 g Staubzucker
1 gehäufter EL „Frau Holles magischer Holunderbeerenzucker“ (siehe Rezept S. 181)
1 Prise Salz
2 zimmerwarme Eier
160 g Mehl
30 g Rohkakaopulver
1 TL Backpulver
½ TL Natron
50 ml Buttermilch
1 Glas Holundergelee „Winterzauber“ (siehe Rezept S. 137)

Tipp *Besonders gut schmecken die Muffins noch lauwarm als Nachtisch mit einem Klecks Sauerrahm (saurer Sahne) und etwas Holunderbeerengelee.*

- Ein Muffinblech mit Papierförmchen auslegen. Den Backofen auf 175 °C Umluft vorheizen.
- Butter, Staubzucker, Holunderbeerenzucker und Salz mit dem Mixer oder der Küchenmaschine etwa 3 Minuten sehr flaumig rühren.
- Nacheinander die Eier einrühren, dabei jedes Ei etwa 1 Minute gut unterschlagen, bis es mit der Buttermasse bindet.
- Mehl, Kakao, Backpulver und Natron in eine Schüssel sieben und mit einem Schneebesen etwas auflockern.
- Zuletzt die trockenen Zutaten sowie die Buttermilch auf langsamer Stufe unter die Eimasse ziehen, nur so lange rühren, bis alles vermischt ist!
- Die Masse nun mit einem Löffel in den Vertiefungen des Muffinblechs verteilen wie folgt: Zuerst einen guten EL der Masse auf den Boden jeder Vertiefung setzen, in diese Masse jeweils eine kleine Mulde drücken, in diese Mulden je 1 TL Holundergelee „Winterzauber“ füllen.
- Die restliche Masse in den Vertiefungen verteilen und dabei das Gelee zudecken.
- Im vorgeheizten Backofen etwa 22 Minuten backen (die Oberfläche der Muffins soll sich noch etwas weich anfühlen; das Gelee schmilzt während der Backzeit in den umliegenden Teig und macht ihn saftig und aromatisch).

„ONE POT"-SCHOKOLADEN-HOLUNDER-*Blitzkuchen*

Dieser saftige Kuchen wird in einem einzigen Topf zusammengerührt und ist schnell gezaubert. Ein Idealrezept, wenn sich unerwartet Besuch ankündigt oder wenn einen am Nachmittag der Schokohunger übermannt!

ZUTATEN FÜR EINE KASTENFORM (28 CM)

125 g Butter
100 g Zartbitter-Kuvertüre
150 g Rohrzucker
1 TL „Frau Holles magischer Holunderbeerenzucker" (siehe Rezept S. 181)
250 g Holunder-Brombeer-Marmelade (Konfitüre; siehe Rezept S. 136)
3 Eier
150 g glattes Dinkelmehl
1 ½ TL Backpulver
abgeriebene Schale einer halben Bio-Orange

Holunder-Ganache

150 g Zartbitter-Kuvertüre
50 g Holunderbeerensirup
80 g Sahne

Holunderbeerenzucker und Orangenzesten zum Garnieren

Tipp *Auch das Holundergelee „Winterzauber" lässt sich gut für dieses Rezept verwenden! Wer die Ganache etwas dünner möchte, nimmt einfach etwas mehr Sahne. Der Ganacheüberzug hält den Kuchen einige Tage saftig!*

- Den Backofen vorheizen auf 170 °C Ober-/Unterhitze, die Kastenform gut befetten oder mit Backpapier auskleiden.
- Butter bei geringer Hitze langsam schmelzen, klein gehackte Kuvertüre zugeben und rühren, bis sie geschmolzen ist, dann Rohr- und Holunderbeerenzucker sowie Marmelade hinzufügen. Falls die Marmelade recht fest ist, die Buttermasse noch einmal kurz erwärmen, dann lässt sich die Marmelade gut untermischen.
- Eier in einer kleinen Schale etwas verschlagen und zur Buttermasse geben, verrühren.
- Wenn die Masse sich cremig verbunden hat, das Mehl mit dem Backpulver dazusieben und unterziehen.
- Masse in die vorbereitete Form füllen und etwa 45 Minuten backen (rechtzeitig Garprobe durchführen: Zahnstocher oder Holzspieß in den Kuchen stecken, wenn daran keine Kuchenmasse haftet, ist der Kuchen durch).
- Fertigen Kuchen 10 Minuten abkühlen lassen, dann aus der Form stürzen.
- Für die Ganache möglichst fein gehackte Kuvertüre in eine kleine Schüssel geben. Holunderbeerensirup mit Sahne aufkochen, die Hälfte davon heiß über die Kuvertüre gießen, eine Minute warten, dann mit einem Löffel vom Schüsselrand nach innen arbeitend die Flüssigkeit mit der schmelzenden Schokolade verrühren.
- Die zweite Hälfte der Holunderbeerensirup-Sahne-Mischung darübergießen und erneut rühren, bis die Ganache dickflüssig und glänzend ist.
- Den ausgekühlten Kuchen damit überziehen, nach Belieben noch mit ein wenig vom Holunderbeerenzucker und Orangenzesten bestreuen.

Kleine Törtchen
MIT HOLUNDERBEEREN-CURD

Das englische Wort „Curd“ bedeutet so viel wie „gerinnen lassen“. Lemon-Curd ist eine in England verbreitete Creme aus Zitronensaft, Eiern, Butter und Zucker. Mittlerweile ist diese Art Fruchtaufstrich europaweit beliebt und wird mit diversen Obstsorten hergestellt. Meine Variante basiert auf Holunderbeerensaft und hat eine besonders schöne Farbe.

ZUTATEN FÜR 5-6 KLEINE TÖRTCHEN

Mürbteig
120 g kalte Butter
160 g glattes Mehl
3 EL Kristallzucker
1 Prise Zimt
1 Prise Salz
2–3 EL eiskaltes Wasser

Holunderbeeren-Curd
200 g Staubzucker
1 EL Maisstärke
100 g Butter
150 g Holunderbeerensaft
(siehe Rezept S. 70/71)
Saft einer Zitrone
3 Eier
2 Eidotter

Zum Fertigstellen
80 g Zartbitterkuvertüre
Obst wie Heidelbeeren, Brombeeren, Weintrauben etc.

Tipp *Etwa 2/3 vom Holunderbeeren-Curd werden für die Törtchen benötigt, der Rest hält im Kühlschrank etwa 3 Wochen. Holunderbeeren-Curd schmeckt auch sehr lecker als Brotaufstrich oder einfach mit Naturjoghurt gemischt als Nachtisch..*

- Für den Teig die Butter klein würfeln, ins Mehl einarbeiten, restliche Zutaten zugeben und rasch zu einem glatten Mürbteig kneten. Aus dem Teig 5–6 Kugeln formen, diese flach drücken, mit Frischhaltefolie bedecken und 1 Stunde kühl rasten lassen.
- Für den Holunderbeeren-Curd einen Topf halb mit Wasser füllen, eine passende Edelstahlschüssel daraufstellen (die Unterseite der Schüssel darf das Wasser nicht berühren). Das Wasser erhitzen – Achtung – es darf nie kochen, nur sieden!
- Zucker, Maisstärke, Butter und beide Säfte in die Schüssel geben, rühren, bis die Butter geschmolzen ist. Eier und Eidotter etwas verschlagen und zur Masse hinzufügen, gut verrühren.
- Mit dem Schneebesen etwa 15 Minuten weiterrühren, bis die Masse zu stocken beginnt. Der Curd sollte am Schluss etwa 85 °C haben (mit einem Küchenthermometer kontrollieren), er darf nicht kochen, sonst gerinnen die Eier.
- Heiß in sterilisierte Gläser füllen (die Konsistenz wird beim Abkühlen cremig und noch etwas fester).
- Tarteletteförmchen einfetten, Teigkugeln 4 mm dick ausrollen und die Förmchen damit auslegen, überstehenden Teigrand wegschneiden. 30 Minuten im Kühlschrank rasten lassen.
- Backofen auf 190 °C Umluft vorheizen. Den Teig in den Förmchen mit zugeschnittenem Backpapier belegen, die Förmchen mit Bohnen oder Backkugeln zum Blindbacken füllen und 15 Minuten backen, dann auf 175 °C reduzieren und weitere 10 Minuten backen.
- Die Törtchen völlig abkühlen lassen, danach Bohnen bzw. Backkugeln und Papier entfernen und die Teigschalen aus den Formen lösen.
- Die Kuvertüre schmelzen und die Teigschalen innen damit ausstreichen, das schmeckt gut und verhindert ein Durchweichen.
- Die Kuvertüre im Kühlschrank fest werden lassen, die Teigschalen mit Holunderbeeren-Curd füllen, mit Obst belegen und vor dem Servieren mindestens 2 Stunden kühlen.

Holunderbeerensorbet
MIT NUSSKEKSEN

Dieses Sorbet schmeckt herrlich fruchtig, ist nicht zu süß und wird durch die Holunderbeeren zur „gesunden" süßen Sünde.

ZUTATEN FÜR 4 PORTIONEN

Sorbet
300 ml Holunderbeerenmus (siehe Rezept S. 169)
150 ml Holunderblütensirup
Saft einer halben Zitrone
2 EL Staubzucker (bzw. je nach gewünschter Süße mehr)
1 Eiklar
1 EL Staubzucker
Sekt zum Anrichten

Nusskekse
150 g glattes Dinkelmehl
50 g geriebene Walnüsse
80 g Staubzucker
1/2 TL Zimt
100 g kalte Butter
1 Eidotter

1 Eiklar zum Bestreichen
Walnusshälften oder Pekannusshälften zum Belegen

Tipp *Ich serviere Sorbets gerne zwischen den Gängen eines festlichen Menüs. Das herb-säuerliche Holunderbeerensorbet regt die Verdauung an und kühlt die Geschmacksnerven nach einem ausgiebigen Hauptgang. Die Gäste sollen sich ja noch auf ein Dessert freuen (oder vielleicht auf etwas Käse mit Holunderbeeren-Chili-Gelee – siehe S. 139). Serviere ich das Sorbet in Begleitung meiner himmlisch mürben Nusskekse, so ist dies bereits ein komplettes Dessert!*

- Holunderbeerenmus, Holunderblütensirup, Zitronensaft und Staubzucker mischen und einige Stunden kühlen.
- Die Eismaschine einschalten und die Holundermischung langsam einfüllen, etwa 20 Minuten gefrieren.
- Inzwischen ein Eiklar steif schlagen, 1 EL Staubzucker zugeben und weiterschlagen, bis es glänzt.
- Nach 20 Minuten Laufzeit den Eischnee löffelweise in die laufende Eismaschine zugeben, weitere 10 Minuten gefrieren.
- Das fertige Sorbet in einen Tiefkühlbehälter füllen und einige Stunden gefrieren.
- Zum Anrichten etwas Sekt in eine Schale geben, eine Kugel Sorbet hineinsetzen, mit frischen Kräutern garnieren und mit den Keksen servieren.

Ohne Eismaschine

- Die Flüssigkeit in eine flache Auflaufform füllen. Die Form in den Gefrierschrank stellen, nach ca. einer Stunde – die Masse sollte gut angefroren, aber noch nicht ganz fest sein – alles in ein hohes Mixgefäß füllen und mit dem Pürierstab mixen.
- Wieder in die Auflaufform geben und erneut gefrieren. Dieser Vorgang sollte dreimal im Abstand von je einer Stunde wiederholt werden, nur so wird das Sorbet schön fein und zart schmelzend, ansonsten bilden sich große Eisklumpen, die sehr unangenehm im Mund sind.
- Zuletzt den Eischnee unterziehen und erneut für einige Stunden gefrieren. (ev. auch hier noch einmal durchmixen).
- Für die Nusskekse Mehl, Nüsse, Zucker und Zimt mischen, mittig eine Mulde formen, klein gewürfelte Butter und Eidotter hineingeben und alles rasch zu einem glatten Mürbteig verarbeiten.
- Eine flache Scheibe formen, in Frischhaltefolie wickeln und eine Stunde kühl rasten lassen.
- Teig 5 mm dick ausrollen, mit einer beliebigen Form Kekse ausstechen und auf ein mit Backpapier belegtes Blech legen.
- Die Kekse mit leicht verschlagenem Eiklar bestreichen, mit einer Nusshälfte belegen (diese leicht andrücken) und etwa 12–13 Minuten bei 180 °C backen.

CALVET

Holunderbeeren-Wackelpudding
MIT JOGHURTNOCKEN

Wackelpudding kennt man ja eher aus der englischen Küche, in Deutschland ist diese Speise als Rote Grütze bekann. Mit den Holunderbeeren verleihen wir diesem Dessert einen typisch österreichischen Touch.

ZUTATEN

Holunderbeerenmus
800 g abgerebelte Beeren
400 g Flüssigkeit (200 g Rotwein + 200 g Wasser)

Fruchtmusgelee
500 ml von dem zuvor hergestellten Holunderbeerenmus
60 g Staubzucker
1 EL echter Vanillezucker
6 Blatt Gelatine
Saft einer Zitrone

Joghurtnocken
2 Blatt Gelatine
50 ml Holunderblütensirup
2 EL Zitronensaft
200 g Joghurt
70 g Mascarpone
2 EL Staubzucker

Tipp *Holunder schmeckt sehr intensiv und kann auch etwas herb sein, ich ersetze bei der Zubereitung des Fruchtmuses gerne einen Teil der Holunderbeeren durch Brombeeren oder Himbeeren, dadurch wird der Geschmack lieblicher!*

- Beeren mit Wasser und Rotwein in einem Topf zugedeckt 10 Minuten köcheln, danach abkühlen lassen und die Beeren und die Flüssigkeit durch ein feines Passiersieb gut durchdrücken, sodass nur die Kerne und Haut zurückbleiben. Die Menge ergibt ungefähr 700–800 ml Fruchtmus, dies ist jedoch in hohem Maß von der Saftigkeit der Beeren abhängig und kann stark schwanken!
- Von dem Fruchtmus 500 ml in ein Schnabelgefäß abmessen, mit dem Zucker und dem Vanillezucker verrühren.
- Die Gelatineblätter in kaltem Wasser einweichen, den Zitronensaft mit etwa 50 ml von dem Holundermus erhitzen, aber nicht kochen!
- Die Gelatineblätter nacheinander ausdrücken und mit dem heißen Saft verrühren.
- Nun ein wenig von dem kühlen Holundermus in die Gelatinemischung gießen, gut verrühren (wird die warme Gelatinelösung zu schnell in den kühlen Saft gegossen, können Klumpen entstehen).
- Zuletzt das restliche Holundermus zur Gelatinemischung gießen, gut verrühren.
- In hübschen Gläsern verteilen und einige Stunden im Kühlschrank fest werden lassen.
- Für die Joghurtnocken Gelatine in kaltem Wasser einweichen. Holunderblütensirup und Zitronensaft erhitzen (nicht kochen), die ausgedrückten Gelatineblätter nacheinander in die heiße Flüssigkeit rühren, abkühlen lassen.
- Joghurt, Mascarpone und Zucker glatt rühren. Etwas von dieser Mischung in die abgekühlte Gelatinelösung geben, verrühren, nun diese Gelatinemischung unter Rühren zur Joghurtmasse geben. In eine flache Form füllen, aus der man gut Nocken ausstechen kann, und einige Stunden kühlen.
- Zum Anrichten aus der Joghurtcreme Nocken ausstechen und auf dem Holunderbeeren-Wackelpudding platzieren, mit frischen Kräutern garnieren.

Holunderbeeren-
FRÜHSTÜCKSPORRIDGE

Porridge bietet einen gesunden, kraftspendenden Start in den Tag, und dieses Porridge wird durch die Holunder- und Heidelbeeren noch aufgewertet. Die Heidelbeeren können nach Wunsch auch am Schluss frisch in den Brei gerührt werden, die Holunderbeeren muss man mitkochen.

ZUTATEN FÜR 1 GROSSE ODER 2 KLEINE FRÜHSTÜCKSPORTIONEN

350 ml Milch oder Pflanzendrink
50 g feine Haferflocken
1 EL Chiasamen
50 g abgerebelte Holunderbeeren
50 g Heidelbeeren
2 EL Rohrzucker
1 TL Butter
½ TL „Frau Holles magischer Holunderbeerenzucker“ (siehe Rezept S. 181)
etwas Holunderbeeren-Brombeer-Marmelade (Konfitüre; siehe Rezept S. 136) zum Garnieren

- Milch, Haferflocken, Chiasamen, Beeren und Zucker aufkochen und etwa 10 Minuten ganz sanft köcheln lassen, dabei immer wieder rühren, damit nichts anbrennt.
- Gegen Ende der Kochzeit Butter und Gewürzzucker zufügen.
- Mit etwas Marmelade und Beeren garnieren und lauwarm genießen.

Holunderbeerenkompott mit Äpfeln

Holunderbeerenkompott wurde früher oft als Kraftnahrung für Genesende zubereitet. Kompott ist gut verdaulich, versorgt mit Flüssigkeit und in diesem Fall auch mit den wertvollen Inhaltsstoffen von Holunder und Äpfeln.

ZUTATEN FÜR 3–4 PORTIONEN

2 große Äpfel
400 g abgerebelte Holunderbeeren
200 ml naturtrüber Apfelsaft
50 g Rohrzucker
1 Prise Zimt
1 EL Speisestärke
Saft einer Zitrone

** Wenn man Bio-Äpfel für das Kompott verwendet, kann man diese im Backofen trocknen und zu einer Teemischung hinzufügen.*

- Äpfel schälen*, Kerngehäuse entfernen und in etwa 1 x 1 cm große Stücke schneiden.
- Holunderbeeren, Äpfel, Apfelsaft und Rohrzucker in einem Topf zum Kochen bringen und köcheln lassen, bis die Äpfel weich sind, aber nicht zerfallen!
- Zimt hinzufügen, die Speisestärke mit dem Zitronensaft glatt rühren, ins kochende Kompott mischen und noch einmal aufkochen, bis die Stärke bindet und das Kompott eine sämige Konsistenz erhält.
- In Schälchen verteilen und lauwarm oder kalt servieren.

Tipp *Das Kompott passt auch sehr gut zu Kaiserschmarrn!*

Holunderbeeren-Ingwer-Saft

Dieser wunderbare Saft wirkt antibakteriell, antiviral, entzündungshemmend, stärkt das Immunsystem, regt den Stoffwechsel an und ist ein Vitamin-C-Booster. Die Kochzeit ist hier unerlässlich, da in den rohen Holunderbeeren das Glykosid Sambunigrin enthalten ist. Dieses setzt beim Verzehr der rohen Beeren giftige Blausäure frei, welche aber durch Erhitzen unschädlich gemacht wird. Auch bei frischem Ingwer wirkt sich das Köcheln positiv aus, die gesunden Scharfstoffe werden aus der Knolle gelöst und der Ingwergeschmack kann sich richtig entfalten!

ZUTATEN FÜR ETWAS MEHR ALS 1 LITER SAFT

50 g frischer Ingwer
2 EL Rohrzucker
250 g frische oder eingefrorene abgerebelte Holunderbeeren
50 g Rohrzucker
1 Liter Wasser
Saft einer Orange
Saft einer Zitrone

- Ingwer schälen und klein würfeln, dann im Mörser oder mit dem Nudelholz etwas zerdrücken, um den Saftfluss anzuregen. In einer kleinen Schale mit dem Rohrzucker mischen und eine Stunde stehen lassen.
- Holunderbeeren, Rohrzucker, Ingwer und Wasser in einen Topf geben und aufkochen. 5 Minuten sanft köcheln, dann abkühlen lassen.
- Den Saft durch ein Sieb abgießen und mit Zitronen- und Orangensaft mischen. Im Kühlschrank lagern und innerhalb von 5 Tagen trinken.

HOLUNDERBEEREN-BANANEN-Buttermilchshake

ZUTATEN FÜR 3–4 GLÄSER

100 g abgerebelte Holunderbeeren
100 ml Wasser
1 große Banane
½ Liter Buttermilch
1 Prise frisch gemahlener Kardamom
2 EL Honig

einige frische Rosmarinzweige zum Garnieren

- Die Holunderbeeren und das Wasser in einen Topf geben, aufkochen und 5 Minuten sanft köcheln, danach abkühlen lassen.
- Holunderbeeren mit dem Kochwasser sowie allen anderen Zutaten in einen Standmixer geben und fein pürieren. In Gläsern verteilen und mit Rosmarinzweigen garniert servieren.

Holunderbeerenlikör und HOLUNDERBEEREN-GEWÜRZWODKA

Liköre aus Holunderbeeren sind ein Geschmackserlebnis! Sie haben eine wunderschöne Farbe und sind, natürlich in medizinischen Mengen, auch heilkräftig. Beim Anflug einer Erkältung täglich ein kleines Stamperl, pur oder im Tee genossen, kann im Kampf gegen die Viren hilfreich sein. Und es wärmt!

ZUTATEN FÜR 2 ANSATZGLÄSER À 1 LITER

600 g brauner Kandiszucker
2 EL echter Vanillezucker
500 ml Wasser
800 g abgerebelte Holunderbeeren
1 750 ml Korn
1 750 ml Wodka
1 Vanilleschote
1 Zimtstange
4 Stk. Sternanis
1 TL Gewürznelken
1 TL rosa Pfefferbeeren
5 Kardamomkapseln

2 Gläser à 1 Liter mit gut schließendem Deckel

** Die abgeseihten Beeren nicht wegwerfen! Die Gewürze entfernen und die Beeren in einem Glas im Kühlschrank aufheben. Sie schmecken toll zu Vanilleeis, Panna Cotta oder Topfencreme (Quarkcreme), natürlich nur, wenn keine Kinder mitessen! Beide Likörvarianten sind tolle Geschenke, besonders der Holunderbeeren-Gewürzwodka, er schmeckt nach Adventzeit und Weihnachten!*

- Kandiszucker, Vanillezucker und Wasser erhitzen, rühren, bis der Zucker sich aufgelöst hat. Holunderbeeren hinzufügen, alles aufkochen und 10 Minuten sehr sanft köcheln lassen, dabei wird das in den Beeren enthaltene Gift unschädlich gemacht.
- Etwas abkühlen lassen und jeweils die Hälfte in die sterilisierten Ansatzgläsern füllen.
- Die Vanilleschote der Länge nach aufschlitzen und in ein Glas geben, dieses mit Korn auffüllen, umrühren und verschließen.
- In das zweite Glas die Zimtstange, Sternanis, Gewürznelken, rosa Pfefferbeeren sowie die leicht zerstoßenen Kardamomkapseln geben, mit Wodka aufgießen, umrühren und verschließen.
- Die Gläser beschriften und an einem hellen Platz (Fensterbank) 4 Wochen ziehen lassen, ab und zu leicht schwenken.
- Danach abseihen*, die Flüssigkeit in schöne Flaschen füllen und beschriften. Diese Liköre sind nun sofort trinkbar.

Tipp *In alten Kochbüchern findet man oft noch Rezepte, wo der Likör mit den Beeren kalt angesetzt wird, ohne die Beeren zuvor abzukochen. Wahrscheinlich meinte man damals, dass der Alkohol das Gift unschädlich machen würde, was aber nicht richtig ist. Die Beeren müssen auch hier unbedingt abgekocht werden!*

HOLUNDER
GEWÜRZ VODKA
ANSATZ
14.9.2022
HOLUNDER
LIKÖR
ANSATZ
14.9.2022

HOLUNDER
LIKÖR
ANSATZ
14.9.2022
HOLUNDER
GEWÜRZ VODKA
ANSATZ
14.9.2022

HOLUNDER
GEWÜRZ VODKA
ANSATZ
14.9.2022
Holler
Sirup
2022

Holunder-GLÜHWEIN

Dieser Glühwein ist an einem frostigen Tag purer Genuss und Seelenwärmer, zudem sind die im Rotwein und im Holunderbeerensaft enthaltenen Polyphenole (sekundäre Pflanzenstoffe) auch noch gut für unsere Gesundheit. Allerdings nur, wenn der Glühwein in Maßen genossen wird! Auch wenn sich eine Erkältung und leichtes Kratzen im Hals ankündigen, kann eine Tasse von diesem Heißgetränk sehr angenehm sein. Der verwendete Rotwein sollte unbedingt von guter Qualität sein!

ZUTATEN FÜR 4 PORTIONEN

750 ml Rotwein
250 ml Holunderbeerensirup (siehe Rezept S. 133)
50 ml Holunderbeeren-Gewürzwodka
(siehe Rezept S. 174)
1–2 EL Honig
Schale und Saft von 1 Bio-Orange
(Schale dünn abschälen!)
1 Zimtstange (etwa 5 cm)
1 kleines Stück frischer Ingwer

- Die flüssigen Zutaten in einem Topf mischen, Honig zugeben und auflösen, restliche Zutaten hinzufügen und langsam zum Sieden bringen (Glühwein darf nie kochen, sonst könnte er bitter werden, ideal sind etwa 80 °C!).
- Etwa 5 Minuten auf dieser Temperatur halten, vom Herd nehmen und abgedeckt etwa 10 Minuten ziehen lassen, dann servieren.

Tipp *In Schweden werden vor dem Eingießen des berühmten „Glögg" 3 geschälte Mandeln und einige Rosinen ins Glas gelegt und das dampfende Getränkt darübergegossen. Das schmeckt auch beim Holunderglühwein sehr gut, die Rosinen können durch Cranberrys oder durch einige gedörrte Holunderbeeren ersetzt werden.*

GETROCKNETER Holunderbeerentrester & HOLUNDERTRESTERPULVER

Der Holunderbeerenrest, also der Trester, der im Passiersieb bzw. Tuch übrig bleibt, wenn man Holunderbeerenmus, -gelee oder -saft herstellt, ist viel zu schade zum Entsorgen. Die Herstellung von Holunderbeerentrester ist ganz einfach.

Tipp *Das säuerlich-aromatische Pulver kann man zu Smoothies, Shakes, Müsli oder Porridge hinzufügen, und es veredelt Salz- und Zuckermischungen.*

❃ Eine flache Platte oder ein Dörrgitter aus dem Dörrapparat oder ein Backblech mit Backpapier belegen. Die feuchten, abgesiebten Holunderbeeren aus dem Sieb lösen, dünn auf dem Papier verteilen und im Dörrapparat oder im leicht geöffneten Backofen bei 50 °C etwa 10 Stunden dörren, dazwischen mehrmals wenden und die Platte in kleine Stücke brechen. Die völlig getrocknete Masse luftdicht und lichtgeschützt in Gläsern lagern. Um den Trester zu Gewürzmischungen und Holunderbeerenpulver weiterzuverarbeiten, wird er in einer elektrischen Gewürzmühle fein vermahlen und in Schraubverschluss- oder Bügelverschlussgläsern luftdicht aufbewahrt.

HEIMISCHES Superfood-Pulver

ZUTATEN

1 Teil getrockneter Giersch
1 Teil getrocknete Brennnesselsamen oder Blätter
1 Teil Holunderbeerentrester

❃ Alle Zutaten in einer elektrischen Gewürzmühle fein vermahlen und luftdicht in Schraubverschlussgläsern abfüllen.

Tipp *Verwendung findet dieses wertvolle Pulver in Cremesuppen, grünen Smoothies, Gemüseaufläufen, Nudelsaucen, Aufstrichen, Brotteig und vielem mehr.*

KNUSPRIGES Holundertrester-Topping mit SESAM UND PINIENKERNEN

ZUTATEN FÜR CA. 30 G

3 EL Holunderbeerentrester
3 EL Sesamsamen
1 EL Koriandersamen
1 EL Thymianblättchen, frisch oder getrocknet
1 EL Salzflocken
2 EL Pinienkerne, geröstet

- Holunderbeerentrester in einer elektrischen Gewürzmühle mittelfein mahlen, Sesam und Koriander zugeben und die Maschine noch einmal kurz einschalten, Mischung in eine Schüssel geben.
- Thymian, Salz und Pinienkerne untermischen, kühl und trocken lagern (mit frischem Thymian etwa 3 Wochen haltbar).

Tipp *Knuspertoppings verfeinern, vor dem Anrichten darübergestreut, Cremesuppen, Nudelgerichte, Reis, Kartoffeln, Salate – eigentlich fast alles!*

HOLUNDERBEEREN
GEWÜRZMISCHUNG
„SALZ DES
DRUIDEN"
FRAU HOLLE's
magischer
HOLUNDER-
BEEREN-ZUCKER

HOLUNDERBEEREN-GEWÜRZMISCHUNG „Salz des Druiden"

ZUTATEN FÜR 1 KLEINES GLAS

3 EL gut getrockneter zerbröselter Holunderbeerentrester (Zubereitung siehe S. 178)
1 EL Wacholderbeeren
1 EL Pimentkörner
½ EL schwarze Pfefferkörner
½ TL Chiliflocken
4 EL Himalayasalz

- Alle Zutaten bis auf das Salz in eine elektrische Gewürzmühle oder Kaffeemühle geben und fein mahlen. Mit dem Salz mischen und in gut schließende Gläschen füllen. Dunkel aufbewahren, am besten innerhalb von 3 Monaten verbrauchen.
- Dieses Salz passt hervorragend zu dunklem Fleisch wie Wild, Rind oder Lamm, aber auch zu Rotkraut, Eintopfgerichten oder Linsensauce.

Frau Holles MAGISCHER HOLUNDERBEERENZUCKER

ZUTATEN FÜR CA. 50 G

3 EL gut getrockneter Holunderbeerentrester
3 cm Zimtstange, grob zerkleinert
½ TL Kardamomsamen
2 Stück Sternanis
2 EL getrocknete* Orangenzesten
1 grob gehackte Tonkabohne
4 EL Rohrzucker

- Alle Zutaten bis auf den Zucker in eine elektrische Gewürzmühle oder Kaffeemühle geben und fein mahlen. Mit dem Zucker mischen und in gut schließende Gläschen füllen. Dunkel aufbewahren, am besten innerhalb von 3 Monaten verbrauchen.

** Die Schale einer Bio-Orange dünn abreiben, es sollte möglichst wenig von der weißen Innenhaut dabei sein. Den Abrieb auf einem mit Backpapier belegten Backblech verteilen und bei 50 °C bei leicht geöffneter Backofentür ca. 1 Stunde trocknen.*

Tipp *Dieser aromatische Zucker mit exotischem Touch verfeinert Desserts wie Schokomousse, Milchreis oder Obstsalate und verleiht Glühwein und Punsch, Smoothies und Shakes das gewisse Etwas. Auch das Holunderbeerensorbet (siehe Rezept S. 166) oder der Holunderbeeren-Wackelpudding (siehe Rezept S. 169) werden mit diesem magischen Zucker zubereitet.*

LITERATUR

Bader, Marlies: Räuchern mit heimischen Kräutern, Goldmann Verlag 2008

Blochwitz, Martin: Anatomia Sambuci/The Anatomy of the Elder (englische Ausgabe überarbeitet 2010 von Iprona AG/Berry Pharma ® Extracts), Copyright © by Martin Blochwitz, Publish Green, Minneapolis

Brunner, Adelheid: Pflanzen-Schamanismus, Kosmos Verlag 2022

Burgerstein, Uli P.; Zimmermann, Michael; Schurgast, Hugo: Handbuch Nährstoffe; Trias Verlag 2018

Dehn, Wilhelm (Hg.): So grundgeheim wie jedem offen: Holunder-Lyrik, Radius 2012

Grahofer, Eunike: Wildniswissen; Freya Verlag 2020

Hager, Irene; Hönigschmid, Alice; Schönweger, Astrid: Die Kraft der Kräuter nutzen; Löwenzahn Verlag 2016

Heidböhmer, Ellen: Gesund mit Holunder, F. A. Herbig Verlagsbuchhandlung GmbH, 2019 (5. Aufl.)

Hirsch, Sigrid; Grünberger, Felix: Die Kräuter in meinem Garten; Freya Verlag 2018

Krämer, Claus: Die Heilkunst der Kelten; Schirner Verlag 2020

Kremp, Dieter: Holunder; Engelsdorfer Verlag 2011

Neuhold, Manfred: Gesund und schön mit Holunder; Steirische Verlagsgesellschaft 1998

Neuhold, Manfred: Tee aus heimischen Kräutern und Früchten, Leopold Stocker Verlag 2015

Oppermann, Andrea: Holunderzauber; Schnell Verlag 2015

Pfannhauser, W.; Peters, Sandra: Das Wunder vom Holunder; Arcturus Verlag, 1998

Storl, Wolf Dieter: Pflanzen der Kelten; AT Verlag 2020

Taschee, Simone J.; Postmann, Klaus: Das große Buch vom Kräutertee; Braumüller Verlag 2020

Reichenvater, Hanni: Hausmittel und Heilkräuter im Jahreslauf, Leopold Stocker Verlag 2011

Zimmermann, Michael; Schurgast, Hugo; Burgerstein, Uli P.: Burgerstein-Handbuch Nährstoffe, 2018 TRIAS Verlag, 13. Auflage

ONLINE-QUELLEN

https://www.hmppa.at/wp-content/uploads/2020 x 10 x OEAZ_2120_Schwarzer-Hollunder.pdf

https://www.dge.de/wissenschaft/weitere-publikationen/fachinformationen/sekundaere-pflanzenstoffe-und-ihre-wirkung/

https://www.vorsichtgesund.de/glossary/holunder-sambucus-nigra/ (beinhaltet Links zu zehn Studien)

https://www.awl.ch/heilpflanzen/sambucus_nigra/holunder.htm

https://www.kraeuter-buch.de/glossar/glycoside-277.html

https://www.vitamine.com/lebensmittel/holunder/

https://www.naturheilt.com/holunder/

https://www.phytodoc.de/heilpflanzen/holunder

https://utopia.de/ratgeber/holunder-vermehren-richtiger-zeitpunkt-und-technik/

https://www.quintessence-publishing.com/deu/de/news/zahnmedizin/endodontie/holunder-und-zahnschmerzhttps://www.pflanzen-vielfalt.net

https://www.baumkunde.de

https://www.botanik-bochum.de

https://www.chemie.de/

https://www.spektrum.de/

https://de.wikipedia.org